TRAFICANTES EVANGÉLICOS

VIVIANE COSTA

TRAFICANTES EVANGÉLICOS

QUEM SÃO E A QUEM SERVEM OS NOVOS BANDIDOS DE DEUS

Copyright © 2023 por Viviane Costa
Publicado por GodBooks Editora

Os pontos de vista desta obra são de responsabilidade dos autores e colaboradores diretos, não refletindo necessariamente a posição da GodBooks, da Thomas Nelson Brasil ou de suas equipes editoriais.

Todos os direitos reservados e protegidos pela Lei nº 9.610, de 19/02/1998.
É expressamente proibida a reprodução total ou parcial deste livro, por quaisquer meios (PDFs, eletrônicos, mecânicos, fotográficos, gravação e outros), sem prévia autorização, por escrito, da editora.

Edição	*Maurício Zágari* e *Brunna Prado*
Assistência editorial	*Camila Reis*
Preparação	*Paulo Nishihara*
Revisão	*Jaqueline Lopes* e *Leonardo Dantas do Carmo*
Projeto gráfico e diagramação	*Sonia Peticov*
Capa	*Rafael Brum*

Dados Internacionais de Catalogação na Publicação (CIP)
(BENITEZ Catalogação Ass. Editorial, MS, Brasil)

C876t   Costa, Viviane
1. ed.   Traficante evangélicos: quem são e a quem servem os novos bandidos de Deus / Viviane Costa. – 1. ed. – Rio de Janeiro: Thomas Nelson Brasil, 2023.
192 p.; 13,5 × 20,8 cm.

Bibliografia.
ISBN 978-65-5689-600-7

1. Cultura. 2. Fé (Cristianismo). 3. Narcorreligiosidade. 4. Rio de Janeiro (estado) – Aspectos religiosos. 5. Pentecostalismo. 6. Traficantes. I. Título.

02-2023/26   CDD: 269.4

Índice para catálogo sistemático

1. Rio de Janeiro: Estado: Pentecostalismo: Cristianismo 269.4

Bibliotecária responsável: Aline Graziele Benitez CRB-1/3129

Categoria: Cristianismo e sociedade

Publicado no Brasil com todos os direitos reservados por
GodBooks Editora
Rua Almirante Tamandaré, 21/1202, Flamengo
Rio de Janeiro, RJ, Brasil, CEP 22210-060
Telefone: (21) 2186-6400
www.godbooks.com.br

Ao meu pai.

SUMÁRIO

Prefácio por Christina Vital da Cunha	9
Prefácio por Bruno Paes Manso	17
Introdução	21

1. Fé que se move: da hegemonia católica
à pentecostalização — 29

2. O Deus do traficante, o traficante de Deus:
ethos de guerra e discurso religioso — 71

3. Jesus é o dono do lugar: destruição e
substituição de elementos religiosos
em dominações territoriais cariocas — 115

Considerações finais	149
Notas	157
Referências	165
Agradecimentos	173
Sobre a autora	175

PREFÁCIO
POR CHRISTINA VITAL DA CUNHA*

EXISTE UMA CULTURA PENTECOSTAL em periferias no Brasil hoje? O que é ser evangélico na atualidade? O que significa, em termos socioculturais, a transição religiosa identificada em todos os países da América Latina, continente em que a hegemonia cultural católica se fez presente durante séculos? As violências praticadas por diferentes atores sociais nos chamados "territórios da pobreza" são orientadas ou ressignificadas pela religião predominante nessas localidades hoje? Essas são questões que inquietam a sociedade e se fazem presentes na agenda de pesquisa de cientistas sociais da religião acentuadamente a partir dos anos 1990. De olho no campo, esses pesquisadores e pesquisadoras começam a observar mudanças no perfil religioso das populações residentes em favelas e periferias e os impactos

---

*Christina é professora do Programa de Pós-Graduação em Sociologia, coordenadora do Laboratório de Estudos Socio-Antropológicos em Política, Arte e Religião (LePar) na Universidade Federal Fluminense. Desde 2017 é editora da revista *Religião & Sociedade*. ORCID: https://bit.ly/3XVHWbj.

que isso produziu e continua produzindo em termos da sociabilidade local, da economia, das formas de lazer, de mobilidade de mulheres e nos varejistas de drogas que ali ganham e perdem suas vidas.

Ao final dos anos 2000, publiquei o primeiro artigo científico analisando detidamente a relação entre redes de evangélicos e traficantes de drogas em favelas, fruto de uma longa experiência etnográfica em favelas na Zona Norte e Sul do Rio de Janeiro, em especial, na Favela de Acari. As reflexões e os dados ali partilhados revolveram mentes e corações, revelando percepções morais difusas sobre o ser evangélico e o ser religioso de matriz afro. Nas primeiras apresentações sobre aquela pesquisa, observava reações díspares: por um lado, um encantamento com a novidade (para a academia, e não propriamente para os residentes nestas localidades) que o estudo apontava, por outro, uma desconfiança sobre a proximidade entre evangélicos e traficantes de drogas, atores que são/eram percebidos socialmente como integrantes de campos morais opostos (a cristandade evangélica × traficantes de drogas, esses últimos, conformando um tipo ideal da "violência urbana", nos termos de Machado da Silva, 2008). Ou seja, não se tratava mais do registro midiático e científico das conversões, mas de uma forma de experiência religiosa e criminal que se expressava pela via de uma gramática e pela promoção de uma estética pentecostalizada. Aquele estudo mostrava como varejistas de drogas continuavam em suas práticas ilegais, ao mesmo tempo que experimentavam a fé evangélica na participação em cultos semanais, na promoção de cultos de ação de graça, na contribuição em campanhas das igrejas e no oferecimento de dízimo. Contribuíam na evangelização local também através do patrocínio de pinturas

Prefácio por Christina Vital da Cunha

murais e grafites. Esses casos emblemáticos ali registrados inicialmente foram ganhando a mídia e também provocando interesse acadêmico, fazendo-nos revolver enquadramentos teóricos que marcavam os estudos sobre evangélicos até então. Se a noção de conversão, de ruptura moral com o passado marcava a produção das ciências sociais sobre esse grupo religioso (uma perspectiva weberiana, como chama atenção Montero, 1999), a explosão de casos de "traficantes evangélicos" e a crescente intolerância religiosa praticada por eles em diferentes favelas e bairros de periferia (Vital da Cunha, 2015, 2016; Almeida, 2022; Miranda *et al.*, 2021, entre outras e outros) convidava a um giro teórico e a um profundo respeito às idiossincrasias da vida social. O enfrentamento das moralidades que envolviam a própria produção acadêmica precisava ser revelado e superado. Somente assim parecíamos ter condições de compreender arranjos sociais complexos e novos conflitos sociais, e contribuir com a produção de políticas públicas que atuassem na redução da violência nesses territórios.

Idas intermitentes a campo me possibilitaram acompanhar mudanças nas imagens em favelas, nas gramáticas utilizadas por seus moradores, bem como observar a resistência das religiões afro, mesmo diante do crescimento evangélico nessas localidades, os marcadores católicos no território e em sociabilidades locais, a emergência do "Estado de Israel". Nesse sentido, assumindo a complexidade e as contradições que as mudanças sociais anunciam, observamos a produção de uma hegemonia evangélica negociando de quando em quando espaços políticos, sociais e culturais com outras tradições no local.

Pouco mais de uma década depois da primeira publicação sobre "traficantes evangélicos" em favelas e periferias, eis que surge um trabalho muito rico, cujo ponto de vista singular chama atenção dos leitores e leitoras, cientistas ou não. Viviane Costa, pastora, nascida em berço evangélico, formada na Igreja Assembleia de Deus (denominação majoritária no campo evangélico brasileiro), é autora desta pesquisa, agora publicada em livro sob o título *Traficantes evangélicos: quem são e a quem servem os novos bandidos de Deus*. Seu próprio lugar no mundo já contraria qualquer referência mais tradicional. Uma representação muito comum sobre evangélicas, sobretudo até os anos 2000, era aquela presente em obras como *Santa Cruz,* um programa produzido para a GNT sob a direção de João Moreira Salles. Nele, víamos mulheres de coque e saias longas, sem qualquer maquiagem ou acessório que lhes ornassem, boa parte analfabetas, casadas, donas de casa ou empregadas domésticas. Durante muitos anos essa imagem das evangélicas predominou na arena pública. Viviane não é assim. Ela é pastora e professora de Teologia. Uma mulher exuberante, de longos e soltos cabelos, independente, portadora de um diploma de mestrado, ativista na defesa de direitos humanos, de justiça social e pelo combate à violência contra a mulher. Ela participa de inúmeros programas no universo gospel e também na mídia secular. Sua biografia é um dado importante para iniciar esta leitura, pois seu lugar de fala lhe permitiu acompanhar de muito perto todas as mudanças sociais e na experimentação da fé de moradores e moradoras de favelas e periferias. Não só de varejistas de drogas, mas das pessoas comuns em seus cotidianos.

Ao longo do livro, Viviane apresenta situações nas quais podemos acompanhar dilemas, as tentativas de justificação

Prefácio por Christina Vital da Cunha

própria por parte dos atores sociais em seu dia a dia, as demandas por segurança ontológica que resultam também em buscas pelo sagrado e pela proteção divina. Essas buscas, ao contrário do que se poderia ou se gostaria de imaginar, não respeitam moralidades, papéis sociais, atividades legais ou ilegais. Atravessam as condições de existência e se revelam comuns entre os moradores das localidades estudadas. Viviane inicia seu percurso analítico com dados sobre a transição religiosa na América Latina e no Brasil, uma abordagem importante para refletir sobre dinâmicas que envolvem não somente o campo propriamente religioso, mas também midiático, cultural, econômico e político na região. Com o objetivo de analisar os rebatimentos desta transição nas periferias e favelas, a autora recorre a sua própria experiência como moradora da Baixada Fluminense, ao trabalho seminal do professor de história Marcos Alvito, na Favela de Acari, e, posteriormente, ao meu próprio, e nos apresenta ricas passagens sobre as grandes transformações na experiência religiosa desta população.

Seu olhar recai sobre a questão da segurança pública no Estado do Rio de Janeiro e apresenta seu objeto de estudo, antes introduzindo uma reflexão, muitos dados e cartografias atuais sobre as facções criminosas atuantes na cidade. Através de números e imagens vamos entendendo o Complexo de Israel como um monumento ao crime e ao cristianismo, espaço de uma batalha espiritual sob o comando de um traficante-pastor, como é apresentado pela autora, cujo codinome gravita entre Arão, Mano ou Peixão, a depender da situação e do lugar de fala de quem se refere a ele.

Ao longo de todo o livro, Viviane enfrentou com coragem analítica e honestidade as questões que o campo suscitaram, propondo abordagens e tentativas de compreensão do fenômeno sem esconder as controvérsias em torno dos vários temas com os quais se defrontou: religiões e símbolos, a caracterização diferencial das favelas, a ordenação pastoral de um varejista de drogas, a moralidade que vem do crime, formas de filojudaísmo e antissemitismo caminhando lado a lado na apresentação do Complexo (chamado "Exército de Israel") contra o seu inimigo (chamado "Exército de Judas"). Grafites atribuídos aos traficantes informando sobre a proibição da venda de crack no local seguidos da frase "Só Jesus liberta das drogas" compõem o cenário de complexidades que envolve a dinâmica do crime e suas interfaces com a religião, levando-nos à consideração de que, em diferentes momentos nesta dinâmica criminal, o cristianismo, sobretudo em sua face pentecostal, é usado como um código para comunicar posições sociais (no caso, a proximidade com um grupo ou facção criminosa específica) para muito além da fé e da espiritualidade. Assim como vemos também na política institucional neste momento no Brasil, a religião comunica lugares ideológicos de fala e moralidade, reforçando antagonismos aparentemente intransponíveis, como aqueles que se revelam nas falas intolerantes que identificam o "inimigo" (espiritual e político) em um outro, reforçando um ambiente de batalha, de guerra espiritual, para justificar, animar e buscar apoio na dominação territorial e política. Entender a religião como código não é o mesmo que "esvaziá-la" de algo que poderia ser identificado como propriamente religioso, mas de uma forma de atuação que usa a narrativa religiosa para disputar com as forças antagônicas e, ao mesmo tempo, aquecer a força dos "crias" (como são chamados os moradores de favelas ali nascidos e criados) ou, no caso dos políticos na sociedade, das bases sociais.

Prefácio por Christina Vital da Cunha

Muitas perguntas ficam em aberto e a autora não as esconde. Pelo contrário, faz questão de dar-lhes espaço nas considerações finais do trabalho, revelando sua honestidade intelectual diante da complexidade de questões que se sobrepõem, em seu objeto de estudo, à vida social, revelando, ainda, sua criatividade e seu olhar atento às variáveis, cujo aprofundamento poderá ser feito em futuros investimentos de pesquisa.

PREFÁCIO
POR BRUNO PAES MANSO*

A HISTORIADORA E TEÓLOGA PENTECOSTAL Viviane Costa dava aulas de Teologia e Estudos Bíblicos em igrejas evangélicas de Parada de Lucas, uma comunidade da Zona Norte da cidade do Rio de Janeiro. Começou a perceber que muitas pessoas dali, ligadas ao tráfico, eram religiosas e se interessavam pelos ensinamentos pentecostais. Essa afinidade podia ser vista nas ruas do bairro, entre muros pichados com salmos e trechos da Bíblia, nas quais jovens armados circulavam cumprimentando-a com "paz do senhor" no lugar de "bom dia".

Aproveitando a entrada que tinha nesse campo tão difícil de acessar, testemunhou um fenômeno que poucos ainda conheciam de perto. O resultado de suas investigações e reflexões sobre o assunto estão neste livro obrigatório, *Traficantes*

---

*Bruno é mestre e doutor em Ciência Política pela Universidade de São Paulo (USP). Graduado em Economia pela USP e em Jornalismo pela Pontifícia Universidade Católica de São Paulo (PUC-SP).

Evangélicos, um estudo repleto de problematizações e análises sobre essa cena surpreendente, em que discursos religiosos dialogam com trajetórias criminais — um fenômeno que cresce na política e nas cidades brasileiras, mas que possui contornos próprios no Rio de Janeiro.

Viviane segue a linha de pesquisas inovadoras sobre o assunto, como as de Marcos Alvito (*As Cores de Acari*, 2001) e de Christina Vital da Cunha (*Oração de Traficante*, 2015), que desbravaram o tema com etnografias feitas no Complexo de Acari. Seguindo esse rumo, ela aprofunda algumas questões sociológicas urgentes relacionadas às formas de produção de poder, controle e obediência nos territórios pobres.

A abordagem de Viviane, contudo, tem uma diferença relevante, que torna esse livro único. Além de uma pesquisadora competente, ela é pastora de uma Assembleia de Deus, em Nova Iguaçu, posição que a levou a refletir sobre o fenômeno dos traficantes evangélicos, não apenas do ponto de vista histórico-social, mas também da teologia. Algumas das principais contribuições de seu trabalho são sobre a própria hermenêutica pentecostal, que ela segue em sua fé.

Em Parada de Lucas, Viviane pôde entender como algumas interpretações dos escritos sagrados podem contribuir para uma visão belicista do Evangelho. O Deus dominador e violento do Velho Testamento acaba se sobressaindo ao Deus da comunhão e do amor ao próximo do Novo, em batalhas espirituais e lutas contra os demônios, associadas à teologia da prosperidade e do domínio.

Desde 2016, a comunidade de Parada de Lucas passou a ser destaque na imprensa, depois que o grupo criminoso local passou a tomar o controle de favelas vizinhas, formando

Prefácio por Bruno Paes Manso

o Complexo de Israel, composto por cinco comunidades vizinhas que são controladas por traficantes da facção criminosa Terceiro Comando Puro. Para celebrar a vitória sobre os rivais do Comando Vermelho, uma bandeira de Israel e uma estrela de Davi foram colocadas nos pontos mais altos dos bairros, para serem vistas por todos, inclusive os que só avistam a comunidade do lado de fora.

É preciso, contudo, observar de dentro, como faz a autora, com o compromisso e o respeito de quem compartilha a mesma fé de muitos dos personagens aqui descritos, apesar das diferenças de interpretações do texto bíblico. *Traficantes Evangélicos* nos leva para o interior desse labirinto, que as vezes parece sem saída. E poucas pessoas são tão qualificadas para nos mostrar o caminho como Viviane Costa.

INTRODUÇÃO

"**JESUS É O DONO DO LUGAR**", avisa o grafite no muro de entrada da favela onde eu serei professora de Teologia em igrejas pentecostais pelos anos seguintes. É junho de 2017 e a comunidade fica na Zona Norte do Rio de Janeiro. Chego para mais uma aula com alunos moradores da comunidade, irmãos e irmãs da igreja, pastores e líderes, membros e congregados, homens e mulheres.

Não há nada de diferente no ambiente, comum para quem cresceu no evangelho e já atua pastoralmente, há mais de uma década, como missionária na Assembleia de Deus em Santa Rita, bairro de Nova Iguaçu, município da Baixada Fluminense. Enquanto conheço os novos alunos e ouço seus relatos de lutas diárias e experiências espirituais de libertação e livramento, conheço também a favela onde moram e a história que suas ruas contam. *Jesus é o dono do lugar* me soa como tema de campanha de culto de libertação, de vitória ou de conquista.

Meses depois, em uma aula de Introdução ao Novo Testamento, dois alunos entram em debate sobre qual deles havia vivido um "verdadeiro encontro com Cristo". Ambos são conhecedores dos movimentos e das dinâmicas de guerra do comércio de drogas local ou, como é popularmente chamado, o tráfico do drogas. O primeiro é um ex-bandido. Ele começa contando seu testemunho de conversão, em um relato intercalado com línguas espirituais, e relembra a experiência de um livramento de morte — Deus o havia livrado do tribunal do crime, afirma. Salvo pela intervenção do pastor de uma igrejinha local, descreve, emocionado, a "dificuldade de deixar o mundo do crime e perder a família para o tráfico quando a mulher não suportou e foi embora levando os meninos". Alguns anos depois, casado novamente, o ex-bandido é pastor de uma igreja pequena em outra favela e cursa Teologia depois de ter concluído o ensino médio.

O segundo aluno se sente ofendido com a acusação de que o comércio local é o grande vilão da história. Para ele, foi a oportunidade de sustento depois de ter perdido o emprego e permanecer anos sem conseguir voltar ao mercado de trabalho. O estudante relata sua experiência de livramento de morte, quando, em dia de trabalho, sua missão era garantir a segurança da comunidade. "Não tem dia tranquilo, todo dia é dia", diz ele enquanto narra a ida ao posto que assumiria naquela noite. No meio da madrugada, uma tentativa de invasão da facção rival acionou o modo *matar ou morrer*. Surpreendido pelo inimigo que brota "do nada", ele orou como quem não sabe se termina a prece vivo ou morto. "Era ele ou eu, pastora. Eu orei na hora e disse: 'Senhor, se eu sou teu filho, cega esse homem para que ele não me tire a vida.' E agora *tô* eu aqui, *pra* glória de Deus, em nome de Jesus."

Não tenho coragem de perguntar como termina a história. Estamos todos emocionados pelos milagres de salvação que acabamos de ouvir. Os salvos da morte esperam de mim uma palavra que legitime suas experiências, onde Deus estava e havia realmente agido ou não, quando tudo que eu quero é abraçá-los e agradecer pela vida. "Irmãos e irmãs, vamos orar e agradecer a Deus por essas vidas? Porque o Senhor os ama e estão vivos para contar os seus feitos. Amém?", digo eu, buscando em mim respostas que não tenho para realidades que não conheço.

O bandido e o ex-bandido, o dono da venda e o grafiteiro, alunos, pastores e pastoras, moradores agora de rosto conhecido e vida revelada. As favelas também se apresentam. A cada semana que volto às aulas ou a cada chegada a novos bairros dominados pelo tráfico, a declaração de posse anuncia a expansão do território conquistado em nome de Deus.

As ruas das favelas dizem a quem pertencem, seja em desenhos, versos, assinaturas e grafites pintados nos muros, onde encontramos representações de guerras bíblicas; seja em músicas de louvor que tocam em caixas amplificadas nas calçadas do comércio, cujo som que se mistura ao que vem das casas e bocas, sintonizadas na mesma estação e na oração pelo radinho de comunicação interna do movimento toda manhã. A realidade aparentemente recente que encontro revela a força de um fenômeno religioso que se apresenta com novas identidades e diferentes experiências de conversão.

A barulhenta ascensão dos novos movimentos pentecostais em territórios tradicionalmente afrocatólicos é impulsionado pelo sopro do Espírito pentecostal que se manifesta de modo acelerado em periferias brasileiras. Identidades religiosas são ressignificadas pelas novas experiências sobrenaturais imbricadas às realidades de guerras constantes. Há algo novo no ar, e me sinto impelida a me aprofundar nesse fenômeno.

A pesquisa que deu origem a este livro nasceu e se desenvolveu da urgente necessidade de compreender — e, quem sabe, responder — como a experimentação e a autorrepresentação religiosa do traficante é redirecionada em contextos de transição do campo religioso local. E, também, da busca de entender de que maneira suas guerras frequentes são ressignificadas pelos discursos e pelas dinâmicas religiosas nas disputas de territórios pelo narcotráfico do Rio de Janeiro. São os resultados dessa pesquisa que desejo compartilhar neste livro.

Ao longo das próximas páginas, percorreremos ruas que se narram entre muros grafitados e louvores pentecostais, até a compreensão de como o Deus do traficante se apresenta no cotidiano favelado.

Começaremos olhando para os dados e as previsões, apresentados no primeiro capítulo — ainda que insuficientemente atualizados, devido às limitações impostas ao IBGE no período coincidente ao desenvolvimento da pesquisa que deu origem a este livro, em decorrência da pandemia de COVID-19. Esses e outros dados nos permitirão acompanhar a surpreendente transição religiosa das últimas décadas em territórios do Estado sob avanço acelerado conduzido pelos sopros pentecostais.

Em seguida, acompanharemos as associações e as transições religiosas de traficantes tradicionalmente identificados com religiões afro-brasileiras que redirecionaram expressões e discursos de fé após serem alcançados individual e coletivamente pela pentecostalização dos territórios em que habitam. Pensaremos a partir de contextos que se revelam na base do discurso religioso católico-umbandista, nas orações dos traficantes a São Jorge e a Ogum, e nas orações de traficantes evangélicos ao Deus de Israel. Essa análise nos conduzirá à compreensão sobre de que maneiras essas orações expressam as (ou por elas são expressadas) violências cotidianas por disputas e dominações territoriais em favelas do Rio de Janeiro.

Introdução

Por fim, veremos como o modo de vida local, o *ethos* de guerra de moradores e traficantes, se relaciona a partir de novos signos e experimentações de fé pentecostalizada. Assim, conheceremos as dinâmicas que identificam dominações de território com símbolos religiosos e compreenderemos de que forma se relacionam as "guerras de deuses" e as históricas disputas territoriais entre facções do Rio de Janeiro, o que chamaremos de "narcorreligião".

O fenômeno narcorreligioso carioca nos provoca novas perguntas que nascem ao cruzar esses caminhos. É possível ser traficante e evangélico? É possível dizer quem são os traficantes evangélicos? Existe um perfil evangélico comum entre os que se autodeclaram cristãos? Qual é a relação da Igreja com os traficantes evangélicos? Como o nome de Deus pode ser usado em contextos de violência? Quais textos bíblicos sustentariam essa estrutura? Essas e outras questões começaram a ser respondidas por pesquisadores no campo religioso na última década e vivenciadas por líderes religiosos locais. É a eles que me uno ao escrever *Traficantes evangélicos*.

Nesta obra, você encontrará o resultado de uma pesquisa que se debruça sobre algumas respostas e que foi realizada com os pés no campo onde o fenômeno acontece. Uma leitura que se instrumentaliza das ciências de estudos da religião, que leva em consideração as produções teológicas locais e não se caracteriza como um estudo teológico ou pastoral. É um convite para seguirmos respondendo e perguntando, pelos caminhos estreitos do Rio de Janeiro, conhecendo a fé e as lutas de quem vive e trabalha na favela e serve a um Deus que se revela, ali, um com eles.

FÉ QUE SE MOVE: DA HEGEMONIA CATÓLICA À PENTECOSTALIZAÇÃO

> " Homens ferozes e vingativos criam deuses ferozes e vingativos. "
>
> RUBEM ALVES

" Religião não é questão
de herança, mas opção. "

REGINALDO PRANDI,
Folha de S. Paulo,
26/12/1999

A VIDA RELIGIOSA MUDOU NA AMÉRICA LATINA, particularmente no Brasil, a partir dos anos 1950 com uma velocidade e extensão inéditas para os estudos da religião. Formou-se um "*continuum* religioso mediúnico" desde o espiritismo à umbanda, tal como as múltiplas expressões das seitas e igrejas pentecostais, como caracterizou o dossiê do sociólogo Cândido Procópio Ferreira de Camargo. O mesmo dossiê sinaliza que essas estruturas religiosas se expandiram no Brasil urbano, "exatamente nas regiões em que o país se moderniza e estabelece gradativamente padrões mais racionais e seculares".[1]

Isso significa dizer que o muro entre a religiosidade moderna e o processo de secularização não é, afinal, tão intransponível como se imaginava, como indicam o crescimento das religiões monoteístas fundamentalistas em diversos lugares do mundo e o avanço vertiginoso de religiões mágicas e do pentecostalismo, em todas as suas formas.

Desde sua organização, no início do século XX na América do Norte, o pentecostalismo se desenvolve e expande acentuadamente em países em desenvolvimento. Nada, no entanto, se aproxima do que tem ocorrido na América Latina: aqui ele demostra toda a sua potência proselitista e flexibilidade, enquanto se forma e se transforma nos múltiplos pentecostalismos como resultado e expressões do encontro com as culturas locais. Escrevendo sobre a identidade e a expansão do evangelicalismo, Pablo Selmán assim resume o movimento pentecostal:

> O crescimento do pentecostalismo na América Latina é uma variante específica de um movimento que mostrou uma capacidade sem precedentes de globalização nos últimos cem anos. O pentecostalismo produz conversões e massas de fiéis na China, Coreia do Sul, Singapura, Filipinas e vários países do continente africano. Em todos esses casos, como na América Latina, constata-se uma constante: o movimento tem uma grande capacidade de vincular sua mensagem às espiritualidades locais, bem como de incentivar formas flexíveis, variadas e facilmente apropriadas de organização, teologia e liturgia com as quais difunde-se entre os mais diversos segmentos da população em diferentes contextos nacionais.[2]

Diferentemente das Igrejas históricas, também descendentes da Reforma Protestante europeia no século XVI, o pentecostalismo se caracteriza pela crença na continuidade da manifestação e ação do Espírito Santo como nos tempos da Igreja primitiva. De acordo com a teologia pentecostal da contemporaneidade dos dons, da mesma maneira como Deus agia por intermédio do Espírito Santo, no nascimento da Igreja, para curar enfermidades, libertar de demônios e realizar milagres, Ele continua a impulsionar seu avanço impetuoso. A expressão religiosa pentecostal na América Latina se destaca por seu vigor missionário e caráter popular, motivo pelo qual alguns pesquisadores do movimento defendem uma possível pentecostalização da Igreja. O fenômeno

Fé que se move: da hegemonia católica à pentecostalização

pentecostal, ou a *pentecostalidade* como tendência na esfera sociocultural em manifestações de resistência político-religiosa, eleva a experiência da descida do Espírito e da missão da Igreja a princípio estruturante.[3] O evento do Pentecostes é revisitado, revivido e reinterpretado. Um só Espírito, que promove comunhão e criatividade por meio de sua obra criadora, caracteriza a teologia pentecostal clássica e aponta elementos de uma missiologia pentecostal, seja de ruptura, seja de continuidade.

No início do século XX, a erudição e o status social dos protestantes históricos — grupos originários das missões americanas e inglesas e os luteranos herdeiros, direta ou indiretamente, da Reforma Protestante do século XVI —, ao lado de sua maior presença demográfica em comparação com evangélicos e pentecostais, garantiram sua hegemonia. Já ao fim do mesmo século, a eficácia dos métodos de evangelização dos pentecostais lhes garantiu supremacia numérica e fez deles, apesar de sua maioria pertencer a classes sociais mais populares, o grupo predominante no mundo evangélico de cada um dos países da América Latina, como ainda nos relata Pablo Selmán.

O marcante avanço do último século aponta para a capacidade de flexibilização e de atualização da linguagem pentecostal em territórios que experimentam processos de crescente urbanização. O *etho*s — ou seja, a forma de pensar e agir na realidade, ou mesmo de estar no mundo, como uma cosmovisão[4] — pentecostal oferece esperança, libertação, proteção e pertencimento em lugares que enfrentam injustiça, violência, exploração e fragmentação sociais. Segundo o teólogo metodista José Míguez Bonino[5], a vitalidade do movimento

América Latina: adesão ao catolicismo
(porcentagem da população católica sobre o total)

	1910	1950	1970	2014	Diferença 1910-1970	Diferença 1970-2014
Argentina	97	95	91	71	-6	-20
Brasil	95	93	92	61	-3	-31
Bolívia	94	94	89	77	-5	-12
Chile	96	89	76	64	-20	-12
Colômbia	80	91	95	79	+15	-16
Costa Rica	99	98	93	62	-6	-31
Equador	88	98	95	79	+7	-16
El Salvador	98	99	93	50	-5	-43
Guatemala	99	99	91	50	-8	-41
Honduras	97	96	94	46	-3	-47
México	99	96	96	81	-3	-15
Nicarágua	96	96	93	50	-4	-43
Panamá	84	87	87	70	+3	-15
Paraguai	97	96	95	90	-2	-5
Peru	95	95	95	76	0	-19
Porto Rico	100	94	87	56	-13	-31
República Dominicana	95	96	94	57	-4	-37
Uruguai	61	62	63	12	+2	-21
Venezuela	93	91	93	73	0	-20

Fonte: Adaptado de *Pew Research Center*. Disponível em: https://pewrsr.ch/4IkAPfC. Acesso em: 22 fev. 2023.. Os dados de 1910, 1950 e 1979 foram obtidos junto ao World Religion Database e aos censos de Brasil e México; os dados de 2014 se baseiam em uma pesquisa do Pew Research Center.

transforma não só os adeptos do pentecostalismo, mas também "força" a Igreja católica e outras de tradição histórica a uma nova dinâmica. Em artigo publicado na década de 1980, no periódico *Christian Century*, Bonino afirma que

Fé que se move: da hegemonia católica à pentecostalização

o pentecostalismo é a manifestação mais significativa e mais vigorosa do protestantismo latino-americano, destacando sua relevância para o futuro do protestantismo e do campo religioso em geral, além de sua importante projeção social.

Alguns desses aspectos característicos da teologia e dinâmica pentecostal são apontados como fatores essenciais para a transformação significativa que ocorre simultaneamente em centros urbanos de países em desenvolvimento. A religião supre a falta que sobra do profano, isto é, a experiência se inicia fora do sagrado. Quando a medicina falha, a realidade econômica é dura e as perspectivas são frustradas, religiões plurais e em constante transformação se apresentam como respostas.[6]

A atualidade dos dons espirituais pentecostais, o caráter popular de sua teologia e a apropriação e manipulação dos símbolos culturais prevalecem, "desembaraçando" questões sociais, econômicas, científicas e políticas. Além disso, a sensibilidade religiosa presente na maioria dos setores populares da América Latina é organicamente acolhida e enfrentada pela teologia pentecostal mais do que por qualquer outra. A esse propósito, são valiosas as considerações de Pablo Selmán:

A suposição de que os pentecostais crescem por suas campanhas em tempos periféricos da mídia ignora um fato evidenciado por dezenas de trabalhos antropológicos e sociológicos realizados nos últimos cinquenta anos: os pentecostais crescem de boca em boca, por proximidade, por redes; os espaços de televisão apenas legitimam a posição do crente e resolvem disputas de predominância entre igrejas. Conversões e acessos ocorrem na vida cotidiana quando alguém tem um problema e uma pessoa perto de você recomenda ir a uma igreja, e então acontecem coisas que fazem "tudo funcionar". O conceito de "igreja eletrônica" explica apenas uma pequena parte dos casos de conversões: muitas vezes, de idosos isolados, dependentes da televisão e angustiados em noites solitárias. Para todos os outros (jovens, casamentos em crise, adultos e pessoas de meia-idade em meio a todos os tipos de problemas), há sempre uma igreja próxima e um amigo ou vizinho que recomenda ir até lá.[7]

O surpreendente crescimento desse movimento que emergiu de periferias urbanas norte-americanas alcançou os latino-americanos, incluindo o Brasil, há pouco mais de um século. Ressignificando religiosidades e sincretismos, atravessou culturas e penetrou nas mais diversas camadas sociais e estilos de vida, mantendo sua maior relevância em setores populares marcados pelo abandono e pelo sofrimento social e pessoal.

BRASIL: A NAÇÃO CATÓLICA MAIS EVANGÉLICA

O campo religioso brasileiro contemporâneo chama a atenção pela transformação daquilo que era tradicionalmente uma hegemonia — quase monopólio — católica. Sincrética, mas oficial e legalmente católica. Uma hegemonia colonizadora exploratória que não conseguiu apagar as religiosidades dos povos originários, nem as trazidas em navios negreiros, mas as incorporou silenciosamente ao som dos batuques africanos e das pajelanças indígenas. O *ethos* religioso brasileiro se desenvolve tanto com ressonâncias africanas no catolicismo como com impregnação católica nas religiões africanas e indígenas. Uma hegemonia que avança, se mantém e se alimenta a partir de uma modalidade diferenciada de pluralismo, já abordada pelo antropólogo Pierre Sanchis.[8]

Há uma predominância do que, segundo Sanchis, seria a elaborada e estruturada cultura católico-brasileira.[9] Citando as palavras do padre Júlio Maria, Sanchis afirma que a brasilidade é permeada pelo catolicismo: "O catolicismo formou a nossa nacionalidade [...]. Um ideal de Pátria brasileira sem a fé católica é um absurdo histórico tanto como uma impossibilidade política."[10] Contudo, a Igreja católica percebe uma ameaça a sua posição definidora oficial e cultural. Tendo já perdido o "monopólio" na separação entre Igreja e Estado, agora vê em risco sua hegemonia:

> Se outrora parecia tranquilo o uso indiscriminado dos termos "católico" e "cristão" [...], hoje tal equivalência não é mais possível. É facultado ao povo ser cristão e, ao mesmo tempo, escapar legitimamente da influência da Igreja católica. Em consequência, a relação entre o que era "catolicismo popular" e o "catolicismo oficial" muda de natureza. Primeira pergunta, pois: estará consciente a Igreja de que não se pode mais constatar empiricamente sua hegemonia, em termos de religião, no interior das camadas populares brasileiras? [...] parte dela, sem dúvida! Mas não parece que a mesma afirmação possa ser generalizada. [...] talvez a Igreja no Brasil não tenha tomado consciência do desafio que está a sofrer.[11]

E que de fato sofreu. O fenômeno religioso de alternância de maiorias já avançava em terras latino-americanas e, em poucas décadas, pôde ser reconhecido de maneira ainda mais evidente por aqui. O impacto das mudanças é grande para a Igreja católica brasileira. Em muitos países, mudanças no cenário religioso só ocorreram em consequência de guerras e revoluções. No Brasil, no entanto, elas pareciam mais uma onda silenciosa e inofensiva, até que dados de leituras sociais revelaram sua força e crescimento contínuo ao longo das décadas.

Uma mudança na distribuição espacial das pessoas, num movimento de saída dos campos para os centros urbanos,[12] exigiu uma ligeira adaptação da Igreja católica, que se comportou como um transatlântico: com muita demora para ajustar a rota, provavelmente pelo tamanho e rigidez de sua estrutura. Por sua vez, os evangélicos, velozes, atuaram como pequenas embarcações:[13]

> Uma das explicações mais de fundo para o decréscimo católico é a sua grande dificuldade para acompanhar migrações internas que revolvem o Brasil contemporâneo. Onde os católicos mais diminuíram e os pentecostais e sem religião mais cresceram são as regiões das periferias metropolitanas e as fronteiras de ocupação sem presença institucional católica. A estrutura eclesial católica centralizada e burocrática, centrada nas paróquias, não consegue acompanhar a mobilidade dos deslocamentos populacionais como as ágeis redes evangélicas.[14]

O crescimento pentecostal se potencializa entre os déficits dos católicos — principalmente onde estes não acompanham o processo de urbanização das sociedades modernas — e por suas próprias vantagens e flexibilidades organizacionais e discursivas. Para cada igreja católica por bairro, dezenas de outras evangélicas pentecostais surgem. Enquanto um sacerdote católico, depois de identificar sua vocação e escolher o celibato, permanece aproximadamente sete anos para completar a formação ministerial, pentecostais recém-convertidos se tornam ministros em poucos meses. Os novos ordenados permanecem em suas comunidades, entre familiares e junto a redes de apoio, se tornam ministros na igreja local e servem de prova da eficácia da mensagem transformadora dos evangélicos pentecostais.

Segundo o pesquisador das religiões Ricardo Mariano,[15] habitam no Brasil quase metade dos 50 milhões de evangélicos do maior continente protestante do mundo. Esse crescimento se dá, sobretudo, em países em desenvolvimento. Como vimos, o movimento pentecostal avança sobretudo em contextos periféricos, apresentando relação direta com o perfil socioeconômico local, a experiência de vulnerabilidade social e a vivência de abandono pelo poder público.

A aceleração do crescimento é mais evidente entre classes sociais mais pobres e de menor índice de escolaridade, com maior contingente de analfabetos, menores salários e maiores taxas de desemprego. Vidas aglomeradas às margens, em periferias e favelas, constituindo uma nova configuração de uma sociedade em transição, distante dos olhos do Estado e na experiência de realidades paralelas, configuram ambientes de vulnerabilidades sociopolíticas e de insegurança. Esses espaços são ocupados por redes de apoio evangélicas pentecostais que se propõem como resposta (ou fuga) aos desafios e sofrimentos, ressignificando os modos de ver(-se) e viver em territórios marcados pela violência e pelo abandono.

TRÂNSITOS E NÚMEROS DE UM BRASIL CRISTÃO

O cenário religioso brasileiro é multifacetado e complexo, apesar de o país ser considerado "o maior país católico do mundo". De fato, a supremacia cristã não facilita as intermináveis tentativas de compreender e explicar as várias faces de um povo extremamente religioso e sincrético. Nossos principais feriados regionais e nacionais são dedicados a santas e santos católicos, também representados pelas religiosidades afro-brasileiras.

Há meio século, mais de 90% dos brasileiros se declaravam católicos.[16] Em 1970, os autodeclarados católicos somavam 91,8% da nação — a população brasileira de então contava com 70 milhões de habitantes. O Censo 2000 demonstra que a quantidade de autodeclarados católicos caíra para 73,8%; contudo, no mesmo período a população já chegava aos 170 milhões de brasileiros.

É preciso observar que o crescimento do número de católicos se mostra mais lento que o da população total do país. Enquanto, de 1970 a 2000, a taxa de crescimento médio anual dos católicos foi de 1,3%, o da população total atingiu 2%. Assim, o aumento do número de católicos entre 1991 e 2000 — de um pouco mais de 3 milhões de pessoas — esconde um diferencial de crescimento negativo de mais de 16 milhões.[17]

Não restam dúvidas de que o catolicismo tem retrocedido na nação que o representa mundialmente num declínio constante e persistente. No Censo 1991, publicado somente dois anos depois, os evangélicos configuravam 8,98% dos brasileiros, um crescimento significativo de 67,3%, 2,8 vezes acima da média de crescimento da população. Entre os protestantes nacionais, o número de pentecostais impressiona:

Fé que se move: da hegemonia católica à pentecostalização

mais de 65% deles são constituídos por pentecostais. Em 1994, os pentecostais já compunham 76% do total de evangélicos brasileiros.[18]

Os indicativos das últimas décadas apontavam para o declínio da hegemonia católica e a constante ascensão dos evangélicos, especialmente dos pentecostais. Nada que tenha diminuído a repercussão dos dados do Censo 2010, divulgados pelo Instituto Brasileiro de Geografia e Estatística (IBGE) em 2012, ocupando capas de jornais e noticiários do horário nobre da televisão, provocando o interesse de diversos grupos sociais e se tornando o mais recente — e ainda em desenvolvimento — objeto de pesquisas e publicações, acadêmicas ou não.

Os destaques se davam, quase de forma unânime, ao decréscimo relativo e absoluto do número de católicos no país; ao crescimento evangélico, com a devida atenção para o segmento pentecostal e as Assembleias de Deus; e à surpreendente queda no número de membros da Igreja Universal do Reino de Deus (Iurd).[19]

Para a compreensão do panorama religioso brasileiro e sua (trans)formação mais recente, tomarei como instrumento os dados estatísticos do IBGE, acompanhados das leituras etnográficas apresentadas a seguir.

Como assinalou Renata de Castro Menezes, doutora em Antropologia e professora do mesmo curso na Universidade Federal do Rio de Janeiro: "o censo é uma fotografia da autodeclaração religiosa em determinado contexto: ele não possibilita qualificar a mudança ou entender suas nuanças, mas apenas ajuda a visualizar as macrolinhas das transformações de uma década."[20]

TRAFICANTES EVANGÉLICOS

Há riscos na apropriação isolada dessa ferramenta para subsidiar interpretações mais profundas da dinâmica religiosa de um país com especificidades como as nossas. Contudo, é necessário salientar sua importância para o entendimento não só do cenário religioso, mas também das dinâmicas religiosas do país, dos fenômenos sociais e culturais e das relações entre eles.

O sociólogo Reginaldo Prandi sustenta que religião não é mais coisa herdada, mas escolhida. Desde a colonização, o catolicismo tem sido identificado como o cimento social para a construção da ideologia de um Brasil sociogeneticamente católico, mas isso começa a ruir. Evidenciado pelos dados levantados pelo IBGE, o tamanho do prejuízo que o crescimento pentecostal provocou no número de católicos e em sua representatividade ainda provoca desdobramentos e questionamentos. A correspondência estreita que o catolicismo mantinha com as dinâmicas da sociedade, povo, nação e cultura nacional tem sucumbido ao "repto pentecostal", na expressão de Pierre Sanchis.[21]

A religião é também consequência de uma prática simbólico-espacial. Sair, voltar, permanecer, abandonar as instituições religiosas são ações mediadas pela assimilação do indivíduo a contextos e esferas mais amplos de sua inserção na sociedade não restritos apenas à visão purista da instituição ou a um sistema de crenças fechado e supostamente constituído como imutável pelo indivíduo. Desse modo, a associação entre as razões que os indivíduos encontram para suas mobilidades (espaciais, culturais e religiosas), o reconhecimento da atitude de experimentação religiosa como uma prática contemporânea, e o olhar atento sobre os contextos socioculturais dos tempos atuais podem ainda nos render boas interpretações para a análise sobre religião no Brasil.[22]

Os evangélicos saltaram de 6,6%, em 1980, para 22,2% da população, em 2010. Em números absolutos, esse crescimento se revela ainda mais impressionante: de 7,9 milhões, em 1980, os evangélicos são agora 42,3 milhões — um avanço próximo a 540% em três décadas.[23]

Além de ser mais hábil em tecer grupos de apoio em casos de desfiliações e rupturas, o pentecostalismo vem se apresentando como uma nova forma de pertencimento religioso, mais adequado à urbanização, à sociedade de classes e às individualidades do mundo moderno, fatores esses que respondem por boa parte de sua expansão.

Os pentecostais correspondem a 13,3% da população brasileira, ou seja, 25,4 milhões de adeptos. Baseando-se também nos dados fornecidos pelo Censo 2010, Leonildo Campos aponta que esse crescimento equivale a cerca de 2.124 novos evangélicos por dia. As Assembleias de Deus — maior e mais diversificada denominação evangélica do mundo — agregaram aproximadamente 4 milhões de novos membros, 1.067 por dia.

Por isso, muita expectativa se criou em relação ao que os dados do Censo 2020 revelariam sobre o futuro do catolicismo e do pentecostalismo. Para frustração dos interessados no tema, que já abrangem múltiplas áreas de saberes e esferas sociais, o censo foi adiado, incialmente para 2022.[24]

No entanto, outras pesquisas surgiram depois do último censo, confirmando e atualizando aqueles números oficiais, mas também apontando novos ritmos, levemente diferentes.

Como já dito, um dos motivos da popularidade dos dados censitários de 2010 talvez seja a confirmação da velocidade da queda do catolicismo e do rápido crescimento dos evangélicos pentecostais. Crescimento pentecostal que acontece inversamente proporcional ao decréscimo do crescimento do Protestantismo histórico brasileiro, ao longo dos mesmos anos.

O jornal *Folha de S.Paulo* publicou, em 13 e 14 de janeiro de 2020, uma análise dos dados sobre religião, de uma pesquisa do instituto Datafolha realizada em 5 e 6 de dezembro de 2019. Importante destacar que a pesquisa Datafolha não é probabilística e nem totalmente comparável como os dados

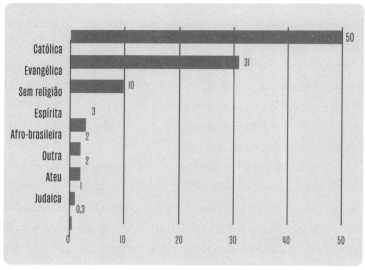

RELIGIÃO DOS BRASILEIROS (EM %)

Pesquisa Datafolha com 2.948 entrevistas, em 176 municípios, em 5 e 6 de dezembro de 2019, margem de erro de 2 pontos percentuais para mais ou para menos e nível de confiança de 95%.

dos censos demográficos do IBGE. Contudo, a série histórica apresenta muitas pesquisas que confirmam que a transição religiosa continua em desenvolvimento no Brasil, acelerando-se na última década. A consistência interna da série aponta a queda das filiações católicas, o aumento das evangélicas, bem como do número de pessoas que se declaram sem religião ou se identificam com religiões não cristãs.

José Eustáquio Diniz, doutor e pesquisador em demografia da Escola Nacional de Estatísticas, no artigo "Motivos e consequências da aceleração da transição religiosa no Brasil" prevê que "Após cinco séculos de predomínio da Santa Sé, vem aí a era da maioria evangélica — os 'crentes'".[25]

Não há como negar a transição religiosa em curso — vista como positiva por Eustáquio Diniz, na medida em que o monopólio católico está sendo progressivamente substituído por um cenário religioso mais plural e diverso, com uma aparente liberdade de culto e de o indivíduo escolher essa ou aquela forma de religiosidade que o atraia. Sendo otimistas, é possível identificar na pluralidade religiosa o princípio de uma convivência mais respeitosa e tolerante entre as religiões (incluindo ateus e agnósticos), o que fortaleceria as individualidades e maximizaria a satisfação espiritual das pessoas, com ganhos efetivos para a economia e a sociedade.

Todavia, é de se esperar que todo processo de mudança de comportamento de massa provoque mais medos e dúvidas que convicções. No caso brasileiro, a transição religiosa foi silenciosa na maior parte do tempo, e poucos pesquisadores foram capazes de antecipar a dimensão do fenômeno, até que se apresentou "pentecostalmente estridente", nas palavras do sociólogo Paul Freston.[26]

As últimas décadas proporcionaram a maior transição religiosa já vivida por este país. As ocupações e inserções das igrejas na política e na manutenção do conservadorismo religioso, no contexto de um Estado laico, assustam parte da sociedade. Aos olhos de José Eustáquio Diniz, expõem "uma feição não muito glamourosa da emergência de setores religiosos que disputam espaços de poder e possuem práticas não muito republicanas" e levam o pesquisador a advertir: "O receio é que surja no futuro um novo monopólio religioso com perfil teocrático."

PENTECOSTALIZAÇÃO: O FENÔMENO LATINO-AMERICANO NOS BECOS CARIOCAS

No Brasil, uma em cada cinco pessoas é ex-católica, segundo o Censo 2010. Esse processo de transição religiosa não é exclusividade dos brasileiros. De acordo com o estudo *Religião na América Latina*, do Instituto de Pesquisas PEW, de 2014 — e como tem sido demonstrado até aqui —, o número de pessoas que se declaram protestantes continua crescendo em todo o continente, ao mesmo tempo que as pessoas criadas no catolicismo o estão deixando. Ainda conforme o Instituto PEW, o país com a maior população católica do planeta não terá mais católicos no topo do *ranking* nacional até 2030.[27]

Os percentuais nacionais fornecidos pelo IBGE indicam continuidade de queda do catolicismo de 73,8% para 64,6%, considerando-se dados de 2000 para 2010. Em contrapartida, no mesmo período os evangélicos mantiveram ritmo crescente e saltaram de 15,4% para 22,2%. O declínio do percentual católico se dá mais aceleradamente em virtude do ritmo sempre inferior ao do crescimento populacional

Fé que se move: da hegemonia católica à pentecostalização

brasileiro, ao contrário dos evangélicos, que crescem em ritmo superior ao da população.[28]

Diversos estudos já apontavam para o processo de perda da hegemonia católica e para a inevitável pergunta que intitula o artigo da antropóloga Patricia Birman e da socióloga Márcia Pereira Leite, de 2002: "O que aconteceu com o antigo maior país católico do mundo?". Faustino Teixeira, no capítulo de apresentação de *Religiões em movimento: o Censo 2010*, relaciona esse novo cenário como um dos efeitos do pluralismo em curso:

> O catolicismo romano é ainda preponderante, mas perde a cada década sua centralidade, passando a se firmar como "religião da maioria dos brasileiros", mas não mais "a religião dos brasileiros". E pela primeira vez, no Censo 2010, a queda percentual dos declarantes católicos refletiu-se em números absolutos, com o ritmo de crescimento menor dos católicos com respeito ao crescimento da população brasileira.

Os dados do Censo 2010, publicados em 2012, mostram que a queda numérica dos católicos ocorreu em praticamente todos os estados brasileiros, sugerindo, no entanto, um cenário ainda mais surpreendente quando considerados os dados de alguns estados da federação.

A década anterior já indicava perda da hegemonia católica nos estados de Rondônia e Rio de Janeiro, com números abaixo dos 50%. Essas regiões não eram mais de maioria católica.[29] Já a presença dos evangélicos corresponde à distribuição da população total, embora estejam particularmente presentes na região Norte, Centro-Oeste e Sudeste e habitem majoritariamente as zonas urbanas. Ainda que todas as regiões do país tenham declinado da predominância absoluta católica, destaca-se a região Norte, que diminuiu de 71,3%, em 2000, para 60,6%, em 2010, como o território de maior crescimento no número relativo de evangélicos. Sobre as transformações religiosas em andamento, o professor José Eustáquio Diniz destaca:

> [...] as maiores transformações na relação entre evangélicos e católicos ocorreram em estados com características econômicas, sociais e demográficas muito contrastantes, o que sugere cuidado com as explicações teóricas unidimensionais, apontando para a complexidade e a diversidade das transformações religiosas em curso no país.[30]

Embora a região Norte seja o território com o maior crescimento relativo de evangélicos, nada supera a região Sudeste, com quase metade da população evangélica nacional. As regiões Norte e Sudeste são as principais responsáveis por impulsionar os números de evangélicos ao topo e sinalizar a transformação religiosa em curso no Brasil. O avanço se dá primordialmente em regiões de recepção de migração, e o estado do Rio de Janeiro assume a dianteira da reconfiguração da fé brasileira a partir das periferias das regiões metropolitanas, anunciando uma iminente inversão de maiorias religiosas.

No entanto, não é homogêneo o crescimento dos evangélicos. Os pentecostais são os principais propulsores dessa transformação religiosa, somando quase 60% de todos os evangélicos do país, de acordo com o Censo 2010.[31] O avanço

Fé que se move: da hegemonia católica à pentecostalização

do grupo, que quase triplicou de tamanho no país em duas décadas,[32] se acredita impulsionado pelo sopro do Espírito pentecostal como protagonista. E o mesmo Espírito sopra fervorosamente sobre os cariocas.

As periferias cariocas como protagonistas pentecostais

A transição religiosa brasileira e o pluralismo religioso se ampliam no país: mais acentuadamente em alguns estados, como Rondônia e Rio de Janeiro. A periferia da região metropolitana do Rio lidera o processo de transição e permite compreender alguns aspectos da dinâmica evangélica e pentecostal em ascensão nesses territórios, onde o número de evangélicos (34%) quase se equipara ao de católicos (39%), como noticiou o jornal *Folha de S.Paulo* em 30 de junho de 2016.

Atentando ao crescimento evangélico, especialmente do segmento pentecostal, observa-se uma possível relação entre o fenômeno e a desigualdade social. Esse fato se evidencia quando nos voltamos para a renda mensal de determinados segmentos religiosos. Visto que 63,8% dos pentecostais têm renda *per capita* abaixo do salário-mínimo, o pentecostalismo continua sendo a opção dos pobres, como apontam Cecília Loreto Mariz e Paulo Gracino Jr.[33] Os pesquisadores ainda destacam a predominância de mulheres (55,6%) e a juventude (média de 27 anos) do grupo religioso, em comparação aos demais.

O nível de instrução dos pentecostais os identifica como a população de menor status social: apenas 4,1% contam com nível superior completo — bem abaixo da média brasileira, de 9,3%. Além disso, pardos e pretos (48,9% e 43,4%, respectivamente) são atraídos pelo movimento mais do que por qualquer outro. Demograficamente, são os municípios de Duque de Caxias, Nova Iguaçu e Belford Roxo aqueles que se destacam e já registram número de evangélicos superior ao de católicos, conforme os dados censitários de 2010.[34]

A relativa predominância entre os mais vulneráveis vem sendo justificada pela mensagem pentecostal, que também propõe um caminho de esperança e de mudança de vida, que é o que procuram todos os que se encontram em situação de desigualdade e injustiça sociais. A linguagem direta e popular, de acesso livre à palavra, aos protagonismos e visibilidades sociais e espirituais, proporciona pertencimento até mesmo aos menos instruídos, o que veremos mais profundamente adiante.

O Censo Institucional Evangélico, realizado pelo Instituto Superior de Estudos da Religião (Iser) entre 1990 e 1992, apresentou mais detalhes do avanço pentecostal nas periferias de 13 municípios da região metropolitana do Rio de Janeiro. Dos 3.477 templos abertos, 61% eram de igrejas pentecostais e 39%, de protestantes históricas. No mesmo período, 710 novos templos foram registrados no cartório do estado, uma média de cinco novas igrejas evangélicas por semana. O que se mostra ainda mais surpreendente é a constatação de que "em cada dez templos evangélicos criados no período nove eram pentecostais".[35]

Algumas características do pentecostalismo contribuem para sua expansão acelerada e simultânea em diversas regiões. A estrutura flexível permite fundar e regularizar uma igreja evangélica rapidamente, sem exigir muito mais que um registro em cartório. Nas igrejas pentecostais e neopentecostais, a formação da liderança é dinâmica e mais ágil que a tradicional preparação de ministros religiosos no protestantismo histórico e, como já observado, de padres católicos. No entanto, apesar do encolhimento da população católica, o número de padres aumentou nos últimos anos, segundo levantamento interno da própria Igreja. Aqueles que optam pela vida clerical, contudo, são cada vez mais velhos, e o número total não passa de 25 mil padres (um para cada 8.130 brasileiros).

Sobre o mapeamento do crescimento pentecostal em territórios de fragilidade político-social, a professora Christina Vital da Cunha, da Universidade Federal Fluminense, avalia que:

> Embora muitas análises tratem de salientar que a onda pentecostal, para usar uma expressão de Freston (2014), ganhou nos últimos anos a adesão de segmentos abastados, não se pode negar o fato de que, ainda hoje, os mais pobres e mais vulneráveis econômica e socialmente são os que compõem a maioria pentecostal mundo afora. Nos países em desenvolvimento, são os habitantes dos "territórios da pobreza" aqueles que mais se convertem. Assim também ocorre em países desenvolvidos [...] O pipocar de denominações e templos evangélicos pentecostais nesse país é alvo da atenção da academia e dos governos locais, preocupados com o crescimento das (possíveis/supostas) seitas e com a forma pela qual tal crescimento pode impactar essas sociedades e culturas.[36]

Esse mesmo pentecostalismo dos pobres e vulneráveis se mostra "poderoso" aliado no enfrentamento dos dramas diários periféricos, ora pela mensagem escatológica ainda forte, ora pela teologia da prosperidade nas igrejas estabelecidas entre a classe média. Isso porque as igrejas (neo)pentecostais constroem sua teologia no contexto onde nascem e se expandem — é o que afirma Gedeon Alencar.[37]

Para o sociólogo, o discurso escatológico está fora de moda entre evangélicos que se distanciaram de privações materiais e não se apressam em encerrar sua passagem por aqui. Estes se atraem pela ética relativista e estética consumista, segundo as quais tudo é quantitativo e "bençãos são consumidas, louvores vendidos, pregações compradas". Assim, a ética é "muito mais conveniência que convicção; muito mais funcionalidade que fundamento". A secularização se coloca a serviço da religião — ou seria o inverso? — e o neoliberalismo e o neopentecostalismo se entrelaçam como "irmãos siameses".

Já entre os pobres de periferia, o pentecostalismo tradicional e a doutrina escatológica, que nasce no contexto das guerras, são os mais presentes, renovando a esperança de um tempo vindouro de justiça e paz. Para Patricia Birman, "desemprego, violência e pobreza", que configuram essa nova imagem nacional, ao menos nos grandes centros urbanos, são facilmente articulados com a estratégia pentecostal menos conciliadora com contextos sociais, ressaltando que:

> A linguagem religiosa do pentecostalismo tornou-se um dos instrumentos virtualmente mais potentes para explicar e enfrentar o caráter mais pernicioso de inúmeras relações sociais. A batalha contra seres espirituais das religiões afro-brasileiras passou a se associar a uma luta mais secular contra o mal social e, em particular, às várias formas de violência urbana.[38]

As aproximações acontecem na semelhança das experiências, de moradores e líderes evangélicos, geralmente membros da mesma comunidade — portanto, participantes das mesmas condições socioeconômicas e inseguranças cotidianas, e descrentes do poder público e das instituições. As redes evangélicas de afeto e de acolhimento estreitam relações, desenvolvem o pertencimento religioso, ampliam trocas e assistências, diminuem a sensação de abandono e renovam a esperança de um tempo em que as oportunidades serão universais e a paz não será mais utópica.

Favelado pentecostal: um olhar sobre o Complexo do Acari

A dinâmica latino-americana do novo movimento pentecostal[39] abrange o território brasileiro. Sobre as favelas cariocas sopram os mesmos ventos de constante transformação religiosa. Os ambientes de vulnerabilidade sociopolítica e de insegurança vêm sendo ocupados por redes evangélicas que se ampliam e ressignificam o modo de ver e viver em comunidades marcadas por violência e abandono.

Práticas evangelísticas pentecostais expansivas alcançam moradores e comerciantes, traficantes e seus familiares. A relativização de fronteiras, antes bem definidas, possibilita a associação de sujeitos outrora identificados com religiões de matriz africana.[40]

A partir do trabalho etnográfico *Oração de traficante* — realizada entre os anos de 1996 e 2005 nas favelas de Acari e do Morro Santa Marta, ambas no Rio de Janeiro, pela pesquisadora Christina Vital da Cunha[41] —, é possível compreender as intersecções sociopolíticas e religiosas no complexo de favelas de Acari e os diversos movimentos que as cercam e se potencializam em ambientes marginalizados e caracterizados como "territórios da pobreza". A Favela de Acari, ou Complexo do Acari, compreende um total de sete favelas entre os bairros de Acari e Irajá. Trata-se de um território marcado por alta desigualdade social, mesmo quando comparado a outras favelas da cidade.[42]

Wacquant, ao analisar estudos sobre "territórios da pobreza", conclui haver uma isenção consciente e planejada das elites econômicas na privação dos trabalhadores do acesso aos serviços públicos a que têm direito; a pesquisadora destaca:

> A incapacidade dos governos dos países desenvolvidos, ou a má vontade de suas classes dominantes convertidas ao neoliberalismo, em enxergar o acúmulo social e espacial de privação econômica, de desafiliação social e de desonra cultural, com a deterioração da classe trabalhadora e dos enclaves etnorraciais da metrópole dual, promete provocar inquietação recorrente e um desafio assustador à moderna instituição da cidadania. Trata-se de uma das maiores forças que alimentam a rápida expansão e o endurecimento uniforme da polícia e das políticas penais armadas contra a pobreza urbana nos Estados Unidos e na União Europeia. Para fazer uma diferença real, as políticas sociais dirigidas ao combate da marginalidade avançada terão eventualmente de ir além do emprego e mover-se em direção à criação de um direito à subsistência fora da tutelagem do mercado, via algumas variantes de "renda básica".[43]

O cotidiano marcado por violência, insegurança e abandono do poder público contribui diretamente para a formação de uma realidade paralela, que busca senão a manutenção da sobrevivência. A privação de recursos universais experimentada pelos moradores desses territórios potencializa a sensação de insegurança e vulnerabilidade, dando o tom da relação favela-Estado, em um cenário atravessado pela expansão acelerada do tráfico de drogas:

> Mais ainda, a retroalimentação dos preconceitos, as políticas públicas que pretendem enfrentar o crime violento com o recrudescimento da repressão sobre os "territórios da pobreza" e a implementação de políticas e projetos sociais paliativos e pouco estruturados são como o "efeito bumerangue" de uma visão equivocada do problema da violência.[44]

Na década de 1990, as mídias deram lente e voz a Acari por meio das "Mães de Acari", que saíram em defesa de seus filhos, vítimas da Chacina de Acari.[45] O complexo passou a ser reconhecido e midiatizado como um dos principais polos de distribuição de entorpecentes da cidade, identificando-se com a imagem de um território onde a violência do Estado se faz presente em razão de sua ausência.

O movimento evangélico pentecostal se apresenta substancialmente em sociedades como essas — em abandono, mas em desenvolvimento — e se relaciona diretamente com o perfil socioeconômico local e com a experiência de vulnerabilidade. Como apontam os dados anteriormente mencionados e o trabalho do sociólogo Ricardo Mariano,[46] a aceleração de seu crescimento é mais evidente entre classes sociais mais pobres, com menor índice de escolaridade, maior contingente de analfabetos, menores salários e maiores taxas de desemprego. Mariano assim resume o cenário:

> Com o propósito de superar precárias condições de existência, organizar a vida, encontrar sentido, alento e esperança diante de situação tão desesperadora, os estratos mais pobres, mais sofridos, mais escuros e menos escolarizados da população, isto é, os mais marginalizados — distantes do catolicismo oficial, alheios a sindicatos, desconfiados de partidos e abandonados à própria sorte pelos poderes públicos — têm optado voluntária e preferencialmente pelas igrejas pentecostais. Nelas encontram receptividade, apoio terapêutico-espiritual e, em alguns casos, solidariedade material.[47]

A opção dos moradores pelo movimento pentecostal aponta para uma conversão nem sempre abrupta, mas como parte de um processo de fronteiras relativizadas. Entradas e saídas do movimento ou adesão à parte dele não mais caracterizam a conversão como "falsa ou verdadeira". Não se compreende, aqui, a conversão como fator de ruptura com a vida pregressa, principalmente com práticas relacionadas a sexo e drogas, mas com o redirecionamento da fé para o *ethos* pentecostal.[48]

É, portanto, a fronteira o lugar onde a espiritualidade se manifesta e a religiosidade "evolui". É na fronteira onde o novo *ethos* é adquirido, e uma nova cosmologia, inculcada, que os modos de ver e estar no mundo se transformam. Contudo, o *ethos* pentecostal e o possível "*ethos* de guerra" são apropriados como "modos de ver e estar" de alguns desses convertidos, o que veremos adiante. Admitiremos essa perspectiva, reconhecendo-a como uma das faces possíveis da compreensão deste fenômeno religioso e analisando seu atravessamento pela dogmática pentecostal e pela perspectiva de onde se experiencia o fenômeno.

As redes religiosas atuam como os principais agentes na diminuição da vulnerabilidade social e na sensação de insegurança. Elas exercem papel fundamental no processo de novas experimentações religiosas e na amenização da invisibilidade em favelas e periferias urbanas, aumentando a autoestima de indivíduos marginalizados, incentivando o empreendedorismo e ampliando o estreitamento das relações interpessoais. Em Acari, as redes evangélicas atuam como circuitos de trocas, envolvendo dinheiro, comida, utensílios, informações, proteção e recomendações de trabalho, articulando proteção, estreitando laços, alcançando muitas vezes o objetivo de "enraizar" o fiel na igreja e "ganhando novas almas para o Senhor".[49]

As ações evangelísticas pentecostais voltadas ao ambiente familiar, inclusive do traficante, são evidências do cumprimento da missão bíblica de "ganhar novas almas para o reino". E a relativização de fronteiras, outrora bem estabelecidas, possibilita a aproximação dos traficantes — que tradicionalmente se identificavam com religiões afro-brasileiras sincretizadas com o catolicismo — aos evangélicos.

A associação aos traficantes potencializa e empodera a dinâmica pentecostal: eles reproduzem os comportamentos do movimento e aderem a seus signos, mesmo que ressignificados, como parte de uma nova "gramática pentecostal", na expressão de Vital da Cunha. Mas essa relação está longe de ser homogênea, dadas as múltiplas faces do movimento:

> Ser evangélico possibilitava, nesse contexto, ressignificar fatos e compreender (na perspectiva dos que se associam aos evangélicos) que a proteção divina de que dispunham parecia mais forte que qualquer ameaça. Mais ainda, ser evangélico permitia perceber que mesmo as situações de adversidade e risco extremo têm ligação com o plano transcendente e por isto podem ser aceitas como vontade divina, ou repreendidas com a força do nome de Jesus.[50]

Há aqueles que a consideram um risco à imagem do movimento pentecostal e um possível "mau testemunho" público, que prejudicaria diretamente os mais comprometidos, que se consideram "verdadeiros" evangélicos.[51] Estes também atuam na evangelização de diversos grupos sociais; contudo, o fazem por meios mais tradicionais.

De modo geral, a pentecostalização das favelas cariocas é a forma mais expressiva do fenômeno de crescimento mundial do pentecostalismo, alcançando o sujeito na sua mais complexa (não) pertença social. A dinâmica múltipla e modificada do novo pentecostalismo relativizou fronteiras, possibilitando relações até então inimagináveis, o que vem contribuindo e potencializando movimentos que se entrecruzam e se fortalecem. É o que ocorre na aproximação entre evangélicos e traficantes em Acari, que redireciona a fé e transforma a experimentação religiosa do bandido, impulsionando o avanço pentecostal em um território que recentemente se identificava com o catolicismo e seus sincretismos afro-brasileiros.

ACARI: MOVIMENTOS SOCIAIS E NARCORRELIGIÃO

Acari e seus arredores falam por si. Gênese da segunda maior facção criminosa do estado do Rio de Janeiro, o Complexo do

Fé que se move: da hegemonia católica à pentecostalização

Acari e as favelas vizinhas constituem território onde o tráfico de entorpecentes e as religiosidades coexistem, atravessando--se, o que torna impossível compreendê-las isoladamente.

Ainda que inúmeras pesquisas tenham sido desenvolvidas sobre o fenômeno, poucas (ou quase nenhuma) levam em consideração o fato de as religiosidades já caminharem entrecruzadas com os sujeitos do tráfico há algumas décadas, contrariando aqueles que as remontam apenas ao momento em que a aproximação entre traficantes e evangélicos chegou aos noticiários.

Há pouco mais de duas décadas, Marcos Alvito apresentava, como tese para conclusão de seu doutorado em Antropologia Social na Universidade de São Paulo (USP), o fruto de sua pesquisa etnográfica, "longa e acidentada", realizada nas travessias de Acari, *As cores de Acari: uma favela carioca*, de 2001. O quinto capítulo da obra é dedicado à Christina Vital da Cunha, já mencionada aqui. Ela foi sua assistente de pesquisa e realizou o censo das organizações religiosas locais.

Entre as décadas de 1990 e meados de 2000, Vital da Cunha continuou suas andanças por Acari (e Santa Marta) e veio a publicar em 2015 *Oração de traficante: uma etnografia*, citado anteriormente. O livro é resultado de sua tese de doutorado em Ciências Sociais, defendida em 2009, que buscava entender de que modo as redes evangélicas atuavam como redes de segurança para os moradores dessas localidades, em um contexto de violência e de escassez dos serviços oferecidos pelo Estado.

Os caminhos entre muros e travessias, sob os olhares de Marcos e de Christina, ajudam a decifrar como vidas de luta

TRAFICANTES EVANGÉLICOS

e sacrifício se relacionam com o tráfico de entorpecentes e a religiosidade nas favelas da Zona Norte do Rio de Janeiro.

Ao ser convidado por um ex-aluno do curso de História da Universidade Federal Fluminense para visitar o Departamento do Sistema Penitenciário (Desipe), no Rio de Janeiro, Marcos Alvito se vê mudando os rumos de sua pesquisa de doutorado já em andamento. Quando apresentado pelo então deputado federal Marcelo Freixo ao Desipe, o pesquisador ainda pretendia comparar as estratégias de "apropriação do corpo feminino em Atenas e Esparta", partindo da adoção da perspectiva de que elas constituiriam sociedades da honra e da vergonha. Mas a passagem pelos portais do sistema carcerário transformou sua pesquisa, fazendo com que ele escolhesse Acari como local de suas descobertas.[52]

Em meados da década de 1990, Alvito e Acari são apresentados pelo poeta e animador cultural Vanderley da Cunha, ou Deley de Acari. Este, também líder comunitário, o acompanha pelas travessias da favela um ano após a Operação Rio — violenta operação policial ocorrida no ano anterior ao início do trabalho de Alvito.[53] A violência e o tráfico de drogas são temas estreitamente ligados às favelas, norteando o clima e as conversas em Acari, além das letras de Deley. A seguir, uma delas, citada por Alvito na apresentação de seu trabalho etnográfico:

> Não há um canto da favela
> que não tinha um conto pra contar [...]
> Não há um canto da favela
> que não guarde um testemunho choroso
> de um irmão em Deus subitamente

per'vertido à fé cristã depois de
tantas dores e horrores que infligiu
aos seus inimigos e sua família em Terra[54]

Seduzido pela noção de que o processo histórico é modelado pela cultura, transformando-a, o pesquisador passeia pela favela lendo o que Acari contaria sobre si, como sua orientadora Maria Lucia Montes descreve no prefácio da obra:

> [...] na acuidade do olhar com que percorre as imagens pintadas nos muros e nas paredes das casas que, no início de seu trabalho de campo, sinalizavam, nas ruas, vielas e becos de favela, o idioma que permitiria ler, a quem soubesse decifrar seus símbolos, o que Acari dizia sobre si mesma, explicitando o significado das práticas sociais que ali tinham curso.[55]

Acari está localizada no estado do Rio de Janeiro, no norte da cidade do Rio, entre a Avenida Brasil, principal rodovia da cidade, e a Avenida Automóvel Club, que atravessa os subúrbios até a Baixada Fluminense. Aos olhos de Alvito, Acari era composta de um conjunto de três favelas, além do conjunto Amarelinho. O trabalho etnográfico de Vital da Cunha compreende um complexo de sete favelas.[56] Aqui adotamos os critérios e dados da pesquisadora por estarem mais próximos da configuração atual.[57]

A Favela de Acari teve início com um Parque Proletariado, construído em 1940, para abrigar trabalhadores de uma fábrica de tecidos.[58] A fábrica faliu poucos anos depois, e os funcionários se mantiveram no local. Segundo

TRAFICANTES EVANGÉLICOS

dados de 2000, a alta desigualdade social revela, entre outras coisas, o abismo na expectativa de vida entre o bairro da Gávea, melhor IDH da cidade, de 80 anos de idade, e Acari, onde a expectativa de vida é de 63 anos — mais baixa que a do Complexo do Alemão, bairro com o menor IDH da cidade e cuja expectativa de vida é de 64 anos. Localizado na Zona Sul, o Leblon aparece no topo do *ranking* de renda *per capita*, com R$ 2.955,29. No bairro de Acari, a renda não ultrapassa R$ 174,12, novamente inferior ao do menor IDH da cidade. Ou seja, mesmo entre os lugares de extrema precariedade, Acari se destaca pelo abandono e pela pobreza.

Algumas ações e projetos sociais existem na favela, apesar da pouca regularidade e estrutura, na tentativa de atenuar a exclusão social: escolinhas de futebol, *shows*, programas culturais e até a Escola de Samba Favo de Acari.[59] E as manifestações religiosas também ocupam e disputam espaço e protagonismo. O censo religioso realizado por Christina em 1997, para a pesquisa de Marcos Alvito, contabilizou os templos religiosos de Acari, com o objetivo de pensar o campo religioso local e sua ocupação da comunidade.

Em uma área equivalente a 50 campos de futebol e cerca de 40 mil habitantes, 38 templos foram contados. Desses, 31 (85,5%) eram evangélicos — 40% representados pelas Assembleias de Deus — e cinco (13,2%) católicos. Somente dois terreiros foram contados no período (5,3%). Segundo dados do Iser, de 1992, Anchieta era o bairro do Rio de Janeiro com a maior concentração de igrejas evangélicas: eram 5,9 templos para cada 10 mil habitantes. No trabalho de Alvito, de 2001, esse número, em Acari, era quase 50% maior — 7,75 templos para os mesmos 10 mil habitantes.

No início dos anos 2000, Christina atualiza esses dados para sua própria pesquisa de mestrado, e o número já havia se alterado, mas não a ponto de mudar o cenário religioso local: as igrejas evangélicas (neo)pentecostais[60] somavam 45 templos, dos 52 atuantes em Acari — 21 deles ligados às Assembleias de Deus e oito a igrejas históricas, havendo agora apenas um terreiro e um centro kardecista.[61]

As religiosidades em Acari atravessam espaços públicos e privados — e a forma como a vida os estrutura e é estruturada por eles —, atividades socioeconômicas e relações interpessoais, mergulhando no cotidiano dos moradores e permeando suas histórias de vida:

> Em suma, todo esse episódio mostra como a religião, enquanto sistema de símbolos, pode dar à existência um sentido que permita suportá-la, a despeito das perplexidades, do sofrimento e da injustiça [...] onde antes só havia caos e confusão, agora passa a haver — a despeito das provações e mesmo através delas — o cumprimento de um plano de Deus.[62]

A religião não imuniza contra o sofrimento, tampouco o elimina, mas o ressignifica e torna suportável.[63] O cidadão que vive e se organiza às margens da sociedade, imerso nas mais variadas formas de injustiça e violência, constitui uma explicação para o abandono do Estado baseada na religião e a partir do lugar onde esta se estabelece. E traficante também é cidadão.

Pensando a narcorreligião

A identidade de trabalhador constrói-se em parte por oposição a bandidos e vagabundos que não trabalham. Mas, se o trabalho é um critério fundamental de diferenciação de tais categorias, isso não quer dizer que a oposição entre elas seja rígida e absoluta ou que exista, no plano das relações sociais, uma segregação claramente demarcada, separando-as completamente [...] O pressuposto atrás dessa ideia é que a ideologia dominante, além de invadir todos os espaços da vida social, torna os dominados meros suportes ou fantoches dela, incapazes portanto de julgar a partir de suas próprias experiências. Além do mais, as instituições penais e judiciais, a imprensa e a literatura, ao invés de serem um campo de forças em luta, constituem um bloco único e compacto, que tem por estratégia efetuar o isolamento dos que se recusam a aceitar a situação de proletário obrigado a trabalhar para sobreviver. A resistência ao modo de produção capitalista, no qual tal estratégia aparece, está, por sua vez, em quem se recusa ao trabalho ou opta pela vida rotulada de criminosa.[64]

Diante da massacrante realidade da favela, os moradores, trabalhadores e bandidos constroem sua própria realidade, assinalando passagens e criando personagens importantes em seu contexto social. Distantes do que parece tradicional, elegem seus heróis e marginais. O cenário de Acari, identificado e apresentado por Marcos Alvito, é de uma comunidade ocupada pela polícia por pouco mais de um ano. "A favela agora está uma uva", diziam os moradores, que retomavam os espaços públicos após o fim do tráfico ostensivo. Contudo,

Fé que se move: da hegemonia católica à pentecostalização

a diminuição do movimento de "visitantes" prejudicou o comércio local e provocou falência de bares e biroscas.

Era possível ao pesquisador ouvir o que Acari estava a dizer nas múltiplas mensagens de cunho religioso, revelando as relações entre sagrado e profano:

> Quando a justiça e a lei fracassam, não há limites para as fortunas ilícitas, seja de políticos ou policiais corruptos, seja de violentos traficantes. A distinção entre certo e errado, entre o confiável e o não confiável, entre o justo e o injusto torna-se menos e menos nítida. Em outras palavras a previsibilidade e a confiança, sem as quais a vida social e a ordem pública não são possíveis, desaparecem. Se as pessoas não encontram nas esferas jurídicas e políticas as soluções para esses problemas, o medo e a sensação de um iminente colapso da ordem e da vida social fazem procurar na religião e na privacidade o refúgio familiar e restrito para essa ameaçadora bola de neve. Nesse processo, podem encontrar uma nova prisão e um novo perigo de conflagração: o diabo identificado no próximo.[65]

A partir de agora, atravessaremos Acari e seus arredores pelos olhos de Marcos Alvito, para ouvirmos o que nos diz dos tempos dos "traficantes reis", formados na comunidade e bem considerados pelos moradores. Por serem em sua maioria residentes do local, ocupavam lugar de importância nas relações de afeto, por meio de redes de proteção, desde a década de 1970 até o início dos anos 1990. E, mais adiante, veremos mais detalhadamente as formações, hierarquias e alternâncias da dinâmica do tráfico local. Por ora, compreenderemos os atravessamentos sociais e religiosos na relação

Pelo caminho, algo chama a atenção: aquelas duas letras, já vistas, "TC", ao lado da folha da *cannabis*, junto ao escudo do Flamengo, em "postes, muros e até em uma caixa de correio". São as iniciais da facção local, o Terceiro Comando. Vista por um visitante desavisado, a quadra de areia é mais que um campo de futebol: ela representa o coração da Favela do Coroado, tendo sido construída por chefes do tráfico.[68] O espaço comunitário, conscientemente criado pelo tráfico como um local de lazer para os jovens da comunidade, comportava também as reuniões comunitárias, assembleias de moradores, cultos ecumênicos, bailes *funk* e funerais.

Na década de 1980, um dos chefes do tráfico — do qual trataremos, com mais detalhes, adiante — patrocinava uma série de atividades culturais para a comunidade. Também costumava distribuir doces tanto em seu aniversário como no dia de São Cosme e Damião. E, no alto do morro, construiu seu altar, o chamado "Cruzeiro", acompanhado de banco de madeira e suporte triangular para as plantas, ambos com pinturas em "verde TC", cor da facção local, em contraponto à sua principal rival, representada pelo vermelho.[69]

O "Cruzeiro", espaço construído pelos traficantes. Encontravam-se no local dois santuários e um triângulo pintado de verde, símbolo do Terceiro Comando. Abril de 1996. Foto: Marcos Alvito.

entre moradores e traficantes, e como ela modela, se transforma e se conta nas travessias.

Na imagem a seguir, Nossa Senhora Aparecida, padroeira, junto da frase "Salve minha mãe", ocupava quase toda uma parede próxima à esquina da Rua Assis, desde 12 de outubro de 1994: "Salve Minha mãe". Na rua lateral, está pintado "TC", duas letras que aparecem com bastante frequência pela vizinhança.

Pintura de Nossa Senhora de Aparecida em 1996. A pintura foi feita em 1994. Foto: Marcos Alvito.

Mais adiante, em outras transversais, mais pinturas como essa aparecem pelas ruas, como a de São Jorge Guerreiro, diante da casinha azulejada, em frente à pequena estátua do santo, retratado de quatro modos diversos na mesma imagem: "no mural, na estatueta, num quadro de madeira e na pintura na parede. Sem falar, é claro, na 'oração de São Jorge', ao lado do mural e equivalente a um poderoso 'fechamento de corpo'", acompanhada de um lembrete sobre a força da comunidade, que jamais seria vencida. Abaixo das patas do cavalo, há ainda, para "reforçar", os versos: O SENHOR É M... PASTOR / E NADA ME FALTARA [sic]. Caminhando mais alguns metros, avista-se o prédio da Associação de Moradores da União do Parque Acari. Em cima, iluminada de vermelho ao anoitecer, uma estátua de São Jorge. No interior do prédio, um pôster idêntico ao existente no "santuário" de São Jorge e uma pintura, em espelho, de Cosme e Damião.[66]

Vistos da saída da associação, há dois templos da Igreja Universal do Reino de Deus, com quatro cultos semanais, frequência maior que a de outras igrejas. "Seguindo pela Edgar Soutello, temos mais um templo, este da Assembleia de Deus (o terceiro até agora)", continua o relato de Alvito.[67] Além desses, um imponente templo católico e outro, da Assembleia de Deus, além de uma "Missão Apostólica Milagres da Fé", todas na mesma área.

São Jorge sobre o telhado da Associação de Moradores do Parque Acari, 1996. Foto: Marcos Alvito.

Os moradores e os chefes do tráfico local — na maior parte do tempo e especialmente quando se tratava de "crias da casa" — se relacionavam em uma rede de mútua proteção e afeto. Para dar um exemplo, na ocasião da morte do líder mais querido pela comunidade, um pôster com sua foto foi posto ao lado da imagem da Escrava Anastácia, que, além de ter sua imagem associada à beleza, força e justiça, tornou-se uma referência para o movimento negro, que resgatava então seus mártires para a organização da luta e resistência popular.

Representação da Escrava Anastácia com foto de traficante ao lado, 1996. Foto: Marcos Alvito.

A relação mítica entre entidades e criminosos acha-se estampada não apenas nos muros e jornais, mas também nos corpos, tatuados com guias, em sinal de devoção e proteção. De fato, não era aleatória a opção por santos e imagens, bem como a maneira como manifestavam sua devoção.

TRAFICANTES EVANGÉLICOS

Nos tempos áureos dos "traficantes reis", São Jorge — ou Ogum, como é chamado no sincretismo com a umbanda — ocupava uma posição representativa principal.[70] Os muros, topos, associações, portões, comércios, cores e símbolos eram escolhidos e distribuídos propositadamente, comunicando vulnerabilidade e necessidade de proteção, além de reafirmar prestígios, domínio e poder.

Como podemos conferir, acompanhando os caminhos de Marcos Alvito e Christina Vital da Cunha por Acari, até meados da década de 1990 os traficantes se identificavam, e assim eram identificados, com religiosidades de matriz afro-brasileira, uma vez que o sincretismo religioso, no qual está mergulhada a população católica brasileira, também encharcava os sujeitos envolvidos com o tráfico de drogas local.

Contudo, nos anos 2000 os ventos pentecostais latino-americanos começavam a soprar em terras brasileiras. Por isso, não demorou muito para que os sujeitos e espaços de Acari fossem alcançados e transformados, em suas religiosidades, a ponto de redirecionarem sua devoção e expressão pública de fé.

2

O DEUS DO TRAFICANTE, O TRAFICANTE DE DEUS: *ETHOS* DE GUERRA E DISCURSO RELIGIOSO

> "Deus é tudo que o homem deseja ser e não é."
>
> LUDWIG FEUERBACH

"A polícia estourou uma boca-de-fumo na Cidade Alta, em Cordovil, e ficou surpresa com o que o tráfico preparava para oferecer aos viciados na festa de Cosme e Damião: embalagens de bananadas foram abertas e recheadas com droga."

A Notícia, Rio de Janeiro, 1997

AO ANALISAR AS NOTÍCIAS DOS CRIMES que tomavam as páginas dos jornais populares do Rio de Janeiro na década de 1990, o autor de *As cores de Acari: uma favela carioca* destaca que a relação bandido-religião esteve constantemente presente. Como já apontado no capítulo anterior, os traficantes se identificavam, e eram identificados, com religiosidades de matriz afro-brasileira, segundo a dinâmica do sincretismo religioso a que estamos habituados.

A fim de compreender o contexto religioso de Acari e arredores, Marcos Alvito cita, ainda, algumas reportagens e afirma que, ao ler os jornais populares,[1] "percebemos de imediato o uso de expressões características das religiões afro-brasileiras para descrever a rotina de mortes, assassinatos e torturas". Geralmente usada para indicar a morte, "cantar pra subir" segue como um dos chavões mais citados, como pode-se ver em dois exemplos selecionados pelo pesquisador: "O bicho pegou feio na madrugada de ontem, no Grande Rio, onde 13 pessoas *cantaram pra subir*, a maioria com chumbo grosso"; "Bebum *canta pra subir* em Cordovil".

Em uma matéria publicada em 1997, em outro jornal popular, o *Povo do Rio*, traficantes satisfeitos com a entidade Zé Pilintra pelo sucesso de uma tentativa de invasão "fizeram um despacho com maconha, cocaína e cerveja para agradecer". Em grande parte das notícias que abordam o cotidiano violento da favela, a associação entre o tráfico, a "macumba" e o mal se faz presente. Nos casos envolvendo as "casinhas de santo", o vínculo fica ainda mais evidente. Alvito exemplifica com uma reportagem de 1996, do jornal *O Dia*:

RITUAL DE MORTE NO ANDARAÍ

Filho de advogado é o quinto executado por tráfico em frente à imagem de "Zé Pilintra". Ao sair de casa, na manhã de sábado, Augusto Felipe Montarroyos, 25 anos, tinha um encontro marcado com o macabro: ele foi sequestrado, executado com tiros de fuzis AK-47 e seu corpo ofertado a uma imagem de Zé Pilintra — exu na umbanda ou egum (alma) no candomblé, usado para o bem e para o mal [...].

A associação entre traficantes e religiosidades afro-brasileiras é reforçada em inúmeras outras matérias e periódicos analisados pelo autor. Destacam-se as notícias que apontam violência religiosa, inclusive como meio de dominação territorial: um traficante, por exemplo, metralha a imagem de Exu Caveira, que teria sido confeccionada por outro, de uma facção rival. No último capítulo, vamos nos deter na análise dessa dinâmica.

De acordo com esses materiais e a partir das observações de Alvito, a devoção religiosa, combinada com práticas facciosas — incluindo assassinatos supostamente ordenados por divindades —, já compunha parte do crime em Acari, em meados da década de 1990. Essa articulação, ora denunciada por moradores evangélicos (às vezes não), ora nas manchetes de jornais, acaba por estruturar os modos de ser e se estabelecer dos diversos atores do cenário carioca de guerra.

No capítulo "Do *glamour* dos 'traficantes reis' dos anos 1980 ao pragmatismo dos traficantes dos anos 2000", de seu livro *Oração de traficante*, Christina Vital da Cunha apresenta histórias dos traficantes ou bandidos formados na comunidade e estimados pelos moradores, formando-se importantes redes de proteção.

A etnógrafa argumenta que os traficantes faziam uso dessas redes e dos laços comunitários como meio de articular a sensação de segurança em meio às instabilidades que impactavam a vida social. Sobre os "traficantes reis", ela declara que:

> [...] foi marcada no Complexo de Acari pela presença de dois traficantes: Cy de Acari (Parque Acari) e Tunicão (Coroado). Cy estava à frente dos negócios do tráfico em Acari de 1977 a 1989. Melhor, era chefe do Parque Acari e distribuidor de drogas para todos os demais chefes das favelas contíguas: Coroado e Amarelinho (mais Vila Esperança). Ele era conhecido como "benfeitor da comunidade", sendo uma espécie de "mito" na localidade, como argumenta o coronel Emir Larangeira, que, na década de 1990, comandou o 9º Batalhão da Polícia Militar (Rocha Miranda), responsável pelo policiamento em Acari.[2]

Darcy da Silva Filho, conhecido como Cy de Acari, se tornou um dos traficantes mais procurados do país. Superou seu antecessor em glória e influência, mantendo o controle sobre 70% da droga distribuída na cidade. Sua estratégia de negócios era ampla e abrangia a venda para favelas distintas, independentemente de facção. Outra característica sua era a política de não enfrentamento aos policiais em ação nas favelas. Tanto Cy de Acari como Tunicão eram queridos por moradores.

"Amigo da comunidade", "traficante rei" e "patrão" eram alguns dos termos com que se referiam a Cy, durante as entrevistas cedidas à pesquisadora. Também promovia festas na favela e empreendia construções majestosas, com mais de uma dúzia de cômodos, além de piscina e sauna, que podiam ser utilizadas por moradores em grandes eventos.

A imagem do traficante maduro, "honrado" e de "responsa" construída por Tunicão entre os moradores não era a que tinha o coronel Emir Larangeira. Aos olhos dos moradores, Tunicão era paternalista. Honrava a comunidade, preservando a vida das mulheres e dos idosos, além de impedir o envolvimento de crianças no tráfico. Ordenava a vida social e promovia a justiça não garantida pelo Estado.[3] Ao passo que, para Larangeira — como fica claro em seu livro *Cavalos corredores: a verdadeira história,* de 2004 —, tratava-se de um facínora, assassino violento e viciado em cocaína.

Em seu relato, o coronel conta que, após os assassinatos, Tunicão mandava que as próprias famílias levassem os corpos até o Cruzeiro para rezarem seus mortos. O Cruzeiro era uma enorme cruz de madeira, com luzes, que o traficante mandou construir em uma elevação no interior da favela. Larangeira entendia-se numa cruzada do bem contra o mal. Refere-se ao traficante como "bode" — animal, humano e sobrenatural —, vestindo uma capa preta com forro vermelho, e o associava a Exu, divindade afro-brasileira, representante do mal. Em sua morte, Tunicão teria ido se encontrar com Belzebu, segundo o policial.

Ainda sobre os traficantes das décadas de 1980 e 1990 e sua associação com religiosidades afro-brasileiras, Marcos

Alvito e Vital da Cunha acentuam que terreiros e barracões eram abundantes em territórios dominados pelo tráfico. Além de tatuagens, esses atores expressavam suas religiosidades participando de festas e rituais, construindo altares e encomendando pinturas nos espaços públicos. Cy de Acari possuía duas tatuagens, fotografadas no momento de sua prisão: uma de São Jorge e outra de Cosme e Damião. Já Tunicão vestia apenas branco às sextas-feiras e ostentava uma medalha de São Jorge no pescoço e outra da Escrava Anastácia:

> Tunicão e Jorge Luiz construíram altares com imagens de santos, e ao lado das imagens havia fotos suas. Eles investiram na pintura de muitas orações e imagens de santos. Havia Nossa Senhora, Cosme e Damião, São Jorge, Escrava Anastácia (também chamada, em inscrições na base das pinturas, de Rainha Bantu), São Jerônimo e Nossa Senhora do Desterro.[4]

Sobre os altares, os moradores divergiam: alguns confirmavam ter sido construídos para os santos; outros diziam que homenageavam os próprios traficantes. A divindade mais presente no período era São Jorge — Ogum na religiosidade afro-brasileira —, representada em pinturas nos muros e em altares. É conhecido como padroeiro de honra do Rio de Janeiro, objeto de devoção em diversas frentes da realidade violenta do estado. Além dos muros e ruas, os corpos também manifestam o culto, com representações de orixás de proteção e guerra.

Muito comuns nos detentos, as tatuagens também veiculam a identidade das facções e servem como uma linguagem cifrada: indicam o crime cometido, a importância social do indivíduo e até mesmo sua confiabilidade.

Rituais e referências religiosas na vida do crime fazem parte da literatura, do cinema e de outras artes. O aclamado romance *Cidade de Deus*, de Paulo Lins, publicado pela primeira vez em 1997, relata como a morte de um bandido mobiliza a comunidade. Representando um costume sincretizado da favela, recorrente no livro, a mãe vela o filho morto:

> Lá nos Apês, a mãe do ladrão acendeu sete velas ao redor do corpo de seu filho, retirou o cordão de ouro com a imagem de são Jorge pendurada, rezou o Pai-Nosso, a Ave-Maria, o Credo, e cantou um ponto de Ogum:
>
> > Papai, papai Ogum,
> > salve Ogum dumaitá.
> > Ele venceu as grandes guerras.
> > Saravamos nesta terra
> > o cavaleiro de Oxalá.
> > Salve Ogum Tonam,
> > Salve Ogum Mechê
> > Ogum Delocó Quitamoró,
> > Ogum ê...

Mais recentemente, o historiador e *rapper* brasileiro Gustavo Pereira Marques, o Djonga, conhecido por seu perfil crítico, canta, em "Corpo Fechado", de 2014:

> Muito injustiçado, mais um pantera bolado
> Vivi foi no subúrbio, é fácil crescer revoltado

O Deus do traficante, o traficante de Deus

> Sempre preconceituado, vou carregando meu fardo
> Diferente de fardado, não obedeço delegado
> Ouvindo um som pesado, vou seguindo passo a passo
> Na humilde, na tranquila, pra não ser atropelado
> Pro alto, mão fechada, antes história mal contada
> [...]
> O recado é pra entrar na mente
> Derretê-la de repente
> Recompô-la novamente
> Salve Jorge protetor, direto da Capadócia
> Com sua lança que destroça os dragão e outras bosta
>
> Eu tô com o corpo fechado
> Sou carne de pescoço
> Seu moço, não tenta que tá osso
> Fechado
> Aqui nóis não paga imposto
> Pau no cu do Estado
> E dos coxinha escroto
> Fechado
> Sou carne de pescoço
> Seu moço, não tenta que tá osso
> Fechado
> Aqui nóis não paga imposto

Passando-se das páginas dos livros e das músicas para os noticiários, Yvonne Maggie escreve, para o portal *G1*, a respeito da trajetória cinematográfica do traficante carioca de corpo fechado, Celso Pinheiro Pimenta, o Playboy. A antropóloga também aponta a nova configuração religiosa que se estabelecia nas periferias cariocas, destacando que o "protestantismo, o neopentecostalismo e outras denominações evangélicas invadiram a cidade e o país com nova forma de lidar com o mundo dos espíritos, substituindo as entidades que consideram diabólicas por Jesus". Depois do filme de Nelson Pereira dos Santos, *Amuleto de Ogum*, sobre a história de Playboy, pouco se falou sobre corpo fechado e terreiro de umbanda, comenta Maggie. Ela relata seu primeiro contato com o traficante:

> Em 1974, ouvi de um violeiro cego a surpreendente história de um menino cujos pai e irmão haviam sido assassinados. A mãe assustada e com medo de perder seu último, e agora único, filho levou-o ainda criança a um terreiro de umbanda para "fechar o corpo". O menino cresceu sob a proteção de Ogum, entidade que representa a guerra. Crescido, o rapaz se envolveu com o crime e com a mulher do chefe do bando, que mandou matá-lo. As balas atravessaram o seu corpo; porém, o jovem de corpo fechado caiu como morto numa piscina e, em um passe de mágica, ressuscitou e saiu da água para viver a sua vida fora do crime.[5]

Entretanto, como o próprio texto de Maggie registra, Playboy, um dos mais procurados do Rio de Janeiro, morreria em 8 de agosto de 2015. Líder da facção do morro da Pedreira, ele tentava retomar territórios já em poder do Estado e foi morto quando se dirigia a um terreiro para refazer o ritual de "fechamento do corpo". Durante uma parada na casa da namorada, antes de se dirigir à "mãe de santo", foi abordado pela polícia, que realizava uma operação de inteligência com duração de aproximadamente um mês.

Playboy morreu alvejado por um tiro no peito e outro na perna, e a "nada romântica" história do assaltante, traficante e assassino chegou ao fim. A antropóloga sugere que ele "talvez tenha sido o último bandido a acreditar em 'corpo fechado'". Enquanto a polícia declara que Playboy reagiu, familiares dizem que ele foi assassinado. "Fato é que o traficante, depois de baleado, não ressuscitou, como na história narrada pelo violeiro cego", conclui Maggie.

Não eram apenas os moradores e a imprensa que notavam como os traficantes vinham se identificando com as divindades. Tampouco eram esses atravessamentos religiosos um fenômeno exclusivo ao Complexo do Acari. Yvonne Maggie e Marcia Contins, em suas notas sobre um trabalho de campo na Baixada Fluminense, percebem que existe "uma relação profundamente estreita e imbricada entre o cotidiano e o universo ou domínio religioso". À centralidade do terreiro no cotidiano dos moradores — criando relações sociais, econômicas e ideológicas, com a criação de um universo simbólico — as antropólogas vêm a chamar de "modo de vida da umbanda":

> O que fica claro, segundo nossa descrição, é que esse tipo de terreiro é o centro de onde é gerada grande parte das relações sociais, econômicas e simbólicas vividas pelo grupo.
>
> O terreiro não é uma igreja aonde os fiéis iriam, regularmente, para cumprir suas obrigações religiosas, como em outros casos. A vida cotidiana do bairro está profundamente relacionada com o terreiro, gerando empregos, reforçando relações de vizinhança, parentesco, e produzindo bens simbólicos que fazem parte do universo ideológico de

praticamente todos os habitantes da localidade, sejam participantes ativos dos terreiros ou não.

Assim, o que é produzido nesse tipo de terreiro é um modo de vida específico. [6]

A região estudada por elas se localiza na confluência entre os bairros de Miguel Couto e Vila de Cava, no município de Nova Iguaçu (RJ). Lá havia uma igreja católica, várias igrejas protestantes e uma infinidade de terreiros de umbanda. Era recoberta de símbolos religiosos: bandeiras, mastros, bandeirolas, tigelas em cima dos muros, até dois terreiros por rua e despachos. Em dias de festas de santo, as ruas e os céus eram tomados por fogos, e os religiosos saíam com seus atabaques.

As pesquisadoras constatam que o "modo de vida" dos moradores se estabelece justamente na imbricação de cultura, religião, economia — e violência, de tal modo que as esferas do sagrado e do profano se misturam:

> O "Barracão" servindo a fins sagrados e profanos; a consulta pode ser dada debaixo de uma jaqueira; a cozinha que serve para fins rituais e domésticos; [...] Os recursos econômicos do terreiro e da casa se misturando. As interpretações do cotidiano mostrando que tudo pode ser explicado segundo o "Santo". Os objetos do cotidiano podendo ser transformados em "coisas feitas", ou objetos profanos transformados em objetos rituais.[7]

Toda essa aparente amalgamação das esferas não tão bem delimitadas parece revelar um universo religioso local, a que elas se referem como "universo sagrado". O mundo seria sagrado, e o que define esse domínio e sua ação são as próprias pessoas. E, para resumir o que tem sido exposto até aqui, podemos pensar que *o universo sagrado favelado* foi hegemonicamente afrocatólico até o fim do século passado.

Considerando os movimentos e transições analisados no primeiro capítulo, vamos aplicar a eles o conceito de *"modo de vida"*, para compreender como o *modo de vida pentecostal* foi se estabelecendo nas favelas e periferias cariocas, inclusive atravessando a criminalidade. No caso de Acari e arredores, a ocupação policial (que veremos detalhadamente mais adiante) impulsiona e dá fôlego ao crescimento evangélico pentecostal, já em desenvolvimento, como Christina Vital da Cunha já demonstrava em seu *Oração de traficante*.

Nas palavras de evangélicos entrevistados por ela, a operação da polícia e a repressão velada — porém nem tanto — às religiões afro-brasileiras eram respostas às orações e jejuns realizados por moradores em campanhas que tinham como objetivo a "libertação da comunidade". No entanto, Vital da Cunha, citando Yvonne Maggie, sustenta que a repressão aos centros consistia em perseguição à religiosidade negra e pobre e a criminosos de outros tipos, pois "enquanto alguns terreiros eram violentamente reprimidos, outros eram protegidos por intelectuais da elite local".

Assim, era pelas mãos do próprio Estado que as divindades afro-brasileiras estavam sendo retiradas da favela, junto com os bandidos, e o pentecostalismo se instituía como religião oficial de Acari:

> [...] vale observar que esses episódios de disputa, em Acari, foram importantes para que fosse possível, anos depois,

um sem-número de remissões a Jesus. O Estado, na figura dos policiais que concretizavam as estratégias políticas e de segurança idealizadas pelo governo, opunha símbolos religiosos como parte da pacificação do território e legitimava, com isso, uma vertente religiosa na localidade. Mais tarde, como veremos, quem o faria seriam os próprios traficantes, que de "macumbeiros" passariam a "evangélicos".[8]

Portanto, a ocupação pelo Estado se faz acompanhar da "ocupação evangélica".[9] Inicia-se a tomada simbólica do espaço público: pinturas religiosas nos muros são substituídas, os templos evangélicos se multiplicam, surgem faixas e cultos abertos à comunidade, e citações bíblicas passam a figurar nos estabelecimentos comerciais, identificando o pertencimento religioso do proprietário. Aos poucos, o *modo de vida afrocatólico* cede lugar ao *modo de vida pentecostal*.

Em suas cores e sons, a favela deixa de ser a mesma. Os moradores celebram a "paz" conquistada como benção divina intermediada pelo poder estatal. Ao mesmo tempo, segue diminuindo a quantidade de "casinhas de santo" e aumentando a de igrejas evangélicas. O número de "irmãos" na favela é visivelmente maior que décadas atrás: pelo parecer dos moradores entrevistados por Vital da Cunha, isso contribui para a crescente tranquilidade da comunidade.

Após a morte do traficante Jorge Luiz e a ocupação policial, a configuração do crime se modifica drasticamente. Essa morte gera uma cisão e, com ela, confrontos internos no Terceiro Comando (TC) — que posteriormente passará a se chamar Terceiro Comando Puro (TCP). Também se intensificam as guerras com a principal facção rival, o Comando

Vermelho (CV). Com o fracasso da formação de um "colegiado" de traficantes para assumir o comando de Acari, "Jeremias" — nome fictício adotado pela pesquisadora, em seu livro —, parente de Cy de Acari, vem a ser líder.

Em pouco tempo, ele se torna a segunda maior liderança do TCP no estado do Rio de Janeiro. Antes de sair de Acari por recomendação do comando da facção, Jeremias frequentava os cultos de uma igreja evangélica. Após ser acolhido com sua família na Zona Oeste do Rio, ele continua visitando outras igrejas, até se converter na Assembleia de Deus dos Últimos Dias (Adud). Mesmo com a adesão ao movimento evangélico, seu compromisso com a vida do crime permanece.

De acordo com relatos de moradores de Acari, o traficante que o substituiu havia cometido mortes que prejudicavam o nome de Jeremias diante da comunidade. Logo Jeremias retorna para solucionar o período de violência e má administração, como em licença para resolver uma pendência. Sobre essa ocasião, Christina Vital da Cunha recolhe o seguinte relato de um morador: "'Quando é que você vai trocar essa arma por uma dessa?' Aí mostrei a Bíblia para ele, e ele virou pra mim e falou assim: 'Ô, eu tenho subido os montes'."[10]

Anos depois de sua conversão e de ter deixado em definitivo o comando de Acari, Jeremias foi preso. Quando foi libertado, não voltou mais para lá. O relato dos moradores evidencia como sua conversão foi decisiva na ressignificação das práticas religiosas e expressões de fé no mundo do crime daquela geração e de seus sucessores:

> O ponto importante na conversão desse traficante é que ele foi [...] responsável por influenciar de modo decisivo as

práticas criminosas e a expressão religiosa de uma geração que o sucedeu no tráfico local. [...] Antes dele e da ocupação policial, ainda no período de Jorge Luiz, já era possível observar algumas pinturas do salmo 91 em alguns muros da favela. [...] Contudo, é com Jeremias que a presença evangélica na favela e entre os traficantes ganha força.[11]

Sob o comando de Jeremias, Acari vive um período de "tranquilidade". Para os evangélicos especialmente, que percebem a liberdade e o crescimento do movimento e desenvolvimento da comunidade à boa administração e ao volume de irmãos orando pela favela. A geração seguinte acompanha os passos de Jeremias e mantém as expressões de fé e a associação com as igrejas evangélicas pentecostais da comunidade. Celebrado por moradores, o mesmo movimento se espalha por favelas nos arredores do Complexo de Acari.

Desde então, também aumentam os relatos de traficantes convertidos e de frequentadores de cultos pentecostais no Complexo e nas demais favelas dominadas pelo TCP:

> Vou na igreja que minha mãe vai. Assembleia também, como minha avó às vezes faz culto lá em casa. A mãe da minha mãe faz um culto lá em casa. Umas sete semanas, assim, de libertação. [...] O Anjo do Senhor tá guardando, não ter nenhum problema... nunca foi nenhum polícia ali, não.[12]

Cacau, outro traficante da região que frequenta cultos evangélicos, compartilha o que o impedia de ser batizado: "Mais pelo fato de não ser casado. [...] Se não fosse pelo fato de não ser casado, poderia. Não ia ter problema nenhum. E já tá chegando perto já.'[13]

Como pode-se perceber, as religiosidades faveladas transicionaram das expressões católicas e umbandistas para a fé evangélica pentecostal, que se consolida como a nova expressão cultural religiosa desses territórios. As imbricações e atravessamentos nos modos de expressão religiosa do traficante como sujeito e agente de estruturas e dinâmicas sociais apontam para uma realidade ainda pouco analisada nacionalmente e carente de novas pesquisas. Mais adiante pensaremos sobre essas relações e como elas se estabelecem.

O DEUS DO TRAFICANTE: ORAÇÃO E AUTORREPRESENTAÇÃO

As ruas do Rio de Janeiro escolheram há anos o seu santo de devoção, e não foi seu padrinho, São Sebastião, o defensor da Igreja e de seus mártires, mas o santo guerreiro, São Jorge. Apenas recentemente a preferência foi reconhecida pelo então governador do estado, Wilson Witzel,[14] que sancionou lei[15] proclamando haver dois santos padroeiros na cidade maravilhosa, e perigosa, desde 2019: São Sebastião, o oficial, e São Jorge, o de honra. Policiais e bombeiros militares, cavalaria do Exército brasileiro, bicheiros e traficantes. De um a outro lado da(s) força(s), diversos grupos compartilham a mesma devoção ao santo que sempre precisou escolher um lado na guerra contra o mal.[16]

Em artigo de 2003, a antropóloga Patricia Birman revisitou o livro *O Mal à Brasileira*, que ajudou a organizar em 1997, e destacou as transformações que a questão *do mal* vem sofrendo na sociedade, especialmente no Rio de Janeiro, com seu *mal maior*, a violência. Ela reflete a partir de seu lugar de pesquisadora e moradora, que também é de onde penso neste livro. Mas, enquanto Birman faz sua leitura a partir da Zona Sul, faço a minha dos lugares periféricos na Zona Norte e Baixada Fluminense.

Para começar, Birman nota que a noção de violência — "práticas sociais diversas, unificadas abusivamente sob a rubrica da criminalidade que, das favelas, invadiria cada vez mais a cidade" — corrente nos debates teve sua origem na grande mídia:

> Assim, vemos associados sob esta mesma rubrica "violência" práticas sociais cujo elemento em comum é o fato de serem praticadas por indivíduos vistos como pertencentes aos segmentos populares, rapidamente associados à criminalidade organizada. O baile *funk*, o *rap*, um pequeno assalto cometido por um "menino de rua", um protesto político de favelados, um sequestro, um extermínio efetuado por um comando criminoso e balas perdidas que atravessam a cidade são igualados como atos de "violência" e, nesta condição, se apresentam como francamente ameaçadores, sobretudo para os habitantes pertencentes às camadas médias do Rio de Janeiro.[17]

Assim é vista, em manchetes e pesquisas, a guerra urbana carioca. No meio dela, a devoção ao santo guerreiro é ainda mais evidente na Zona Norte e nos subúrbios, onde as classes mais baixas se organizaram, vindas do interior. No "vermelho cor de guerra" da vela acesa por proteção e na capa do cavaleiro, com lança e armadura, pronto para a guerra contra o mal, afinal, São Jorge é "soldado, guerreiro, lutador, vencedor da batalha contra o dragão. Seu porte é bem varonil...

São Jorge é másculo, porque São Jorge monta, é apresentado montado", nas palavras de moradores da região entrevistados pelo professor Bartolomeu Tito Figueirôa de Medeiros.

Ogum é a outra face de uma mesma identidade. No livro *Ogum: caçador, agricultor, ferreiro, trabalhador e rei,* de 2019, o sociólogo Reginaldo Prandi explica que, como o santo da Capadócia, Ogum "é um e é muitos, vários são seus nomes e diversos são os cultos a ele dedicados". Os arquétipos que nascem das múltiplas associações se assemelham aos do filho de Maria e de sua mãe. Sobre esses acréscimos, com suas variadas representações, Prandi destaca que:

> [...] refletem a homenagem do local que mantém seu templo, culto ou tradição. São todos multiplicações da mesma crença, diversificação do exercício da fé, reiteração de um mesmo princípio por meio de variações nominais e rituais. Esses aspectos, circunstâncias e lugares que dão nome aos deuses e santos e que ensejam cultos específicos também são chamados avatares, invocações ou qualidades.[18]

Ogum já era um dos orixás mais cultuados, antes mesmo de escravizados devotos seus serem trazidos ao Brasil, onde está presente em tradições afrorreligiosas, incluindo as umbandas. No encontro com os colonizadores e o catolicismo popular, no qual os santos dispõem de poder semelhante ao dos orixás, as associações se deram naturalmente, considerando "sua essência e ação no mundo", ao que se convencionou chamar de *sincretismo*. Para Prandi, não há "discrepâncias ou fingimentos" no culto simultâneo a santos e orixás, mas uma "sincera visão religiosa de mundo que é aglutinadora, que junta em vez de separar".

TRAFICANTES EVANGÉLICOS

Voltando ao trabalho de Marcos Alvito, *As cores de Acari: uma favela carioca*, encontra-se seu relato de chegada às comunidades que constituem o Complexo, detalhando aqueles sincretismos e os vínculos entre religião e violência. O etnógrafo descreve as vezes em que é posto diante de imagens, altares e outras tantas representações de São Jorge:

> Se entrássemos em outras transversais, veríamos outras pinturas, como a de São Jorge Guerreiro, diante de uma casinha azulejada em frente a uma pequena estátua do santo. Aqui, na verdade, temos São Jorge quatro vezes: no enorme mural, você vê uma pequena estatueta, num quadro de madeira e na pintura feita sobre os azulejos da casinha do santo. Sem falar, é claro, na "oração de São Jorge", ao lado do mural e equivalente a um poderoso "fechamento de corpo".[19]

Mais adiante, após observar que não somente as referências a São Jorge se repetiam, ele destaca as dezenas de aparições de duas letras que identificavam o domínio faccioso local, "TC", de Terceiro Comando, muito comuns na região. Quando chega à fronteira simbólica com outra comunidade do mesmo Complexo, Alvito avista um pequeno altar e *atravessa* para o outro lado (considerando-se todos os riscos que atravessar fronteiras, ainda que simbólicas, oferecem).

Sobre a parede dos fundos da Quadra de Areia — ponto de encontro que se estendia para além das atividades esportivas, com cultos e festas comunitárias[20] —, visível do portão de entrada, Alvito se depara com um enorme mural de São Jorge matando o dragão, datado de 1994. No dorso do cavalo branco, ainda se vê a inscrição "TC", raspada várias vezes.

90

Poucos passos depois, a inscrição "TC" retorna, pintada num muro. Em um largo, dois altares azulejados, formados por uma pequena estatueta de São Jorge e o dragão, à direita, e a oração de São Jorge. Entre uma das patas dianteiras do cavalo e a asa do dragão, lê-se:

OGUM GUERREIRO
Nascimento: São Jorge Abril 23: Ano 303
DEFENSOR DOS POBRES E OPRIMIDOS
LUTOU E VENCEU POR AMOR AO SENHOR
Este que é hoje o nosso / Santo Protetor / Amem! *(sic)*

O texto de Alvito se desenvolve em uma trama progressiva, com os olhos postos sobre o sujeito afrocatólico, protagonista dessas complexas experiências de violência territorial. Yvonne Maggie, também pesquisando a Zona Norte, afirma que esses sujeitos viam o terreiro para além de suas fronteiras físicas, como uma representação da sociedade:

> [...] afastei-me dessa perspectiva generalizante e teológica e pude alcançar os princípios subjacentes ao drama descrito, procurando ver os "pedaços" que compõem um ritual em termos relacionais, ou seja, como se relacionavam deuses e homens, qual a relação entre a vida dos membros do terreiro, fora e dentro dele, qual a relação existente entre as várias experiências de vida dos membros do grupo.[21]

A extensão da vida do sujeito afrorreligioso identificada por Maggie pode ser encontrada também nas intersecções sociopolíticas da Favela de Acari, igualmente observada por

Christina Vital da Cunha, em seu *Oração de traficante*, que tem ajudado na compreensão desses movimentos religiosos que ressignificam o *ethos* de guerra, comum a ambientes marginalizados, invisibilizados e precarizados.

Acompanhando as novas configurações religiosas e o redirecionamento da fé pelo país, mais intenso nos grandes centros urbanos e regiões periféricas, o Complexo de Acari surge como região modificada e que se modifica. E é na *fronteira*,[22] já não mais tão bem definida, o lugar onde a — nova — religiosidade "evolui" e se manifesta; é na fronteira que o novo *ethos* nasce e se identifica com uma nova cosmologia inculcada.

Oração do traficante: análise do discurso narcorreligioso

A vida na favela é constituída por esferas de fé, de lutas, de armas, de rimas. Encontra-se imbricado no *ethos* favelado o que há de novo nas religiosidades contemporâneas brasileiras, especialmente nas que se dinamizam nas periferias cariocas. O universo de batalha constante, lutado e rimado, é também o dos santos e seus guerreiros; e o território de guerra, com seu panteão afrocatólico, recebe novas identidades e confissões.

No campo religioso da pentecostalidade, estar em guerra também é permanecer em estado de alerta, mas seus embates e armas são espirituais.[23] As batalhas espirituais pentecostais constituem-se dos mesmos atores do cenário social e econômico das favelas. Sem a presença constante de seu exército, o novo dono do território conquistado e sitiado não gozará de seus poderes.

Nas orações de traficantes pintadas em muros e corpos, ou transmitidas por rádios comunitárias, apresenta-se o discurso produzido a partir de seu contexto social e ideológico. A esse propósito, os professores Ernesto Laclau e Chantal Mouffe compreendem o discurso como uma prática que:

> [...] constitui e organiza relações sociais. Logo, ele contém regularidades, uma formação discursiva composta de uma heterogeneidade de discursos formados por uma gama de sentidos. O discurso envolve uma multiplicidade de sentidos que lhe confere uma diversidade de abordagens, relacionadas às práticas discursivas.[24]

O movimento[25] — coincidentemente, esse é um dos termos, ao lado de "firma", usados nas favelas do Rio para se referir às organizações facciosas[26] — "facciorreligioso" se organiza e ao mesmo tempo se estrutura de suas orações e experiências cotidianas, demonstrando a afirmação de Laclau e Mouffe de que "o linguístico não pode ser visto separado do social".

Vive-se aí sob ameaça constante, uma vez que os diversos inimigos estão por toda parte — até mesmo nos territórios espirituais. Inimigos internos, disputas por alternância de comando, dissidências, confrontos com facções rivais, o Estado representado pela Polícia Militar, e organizações paramilitares são alguns dos perigos pelos quais — em nome de e por Deus — matam e morrem para viver, dormem e acordam para morrer.

O Deus do traficante, tirado à cosmovisão do Deus guerreiro, se apresenta no Deus dos Exércitos evangélico — quase — na mesma medida em que tem sido representado por São Jorge (Ogum). Os registros de Marcos Alvito já deixaram clara a presença ostensiva da devoção a São Jorge

(Ogum), nas muitas orações espalhadas nas ruas, medalhas, tatuagens e altares:

Oração de São Jorge

Chagas abertas, sagrado coração, todo amor e bondade
O sangue do meu senhor Jesus Cristo no meu corpo se
derrame hoje e sempre
Eu andarei vestido e armado com as armas de São Jorge
para que os meus inimigos
Tendo pés não me alcancem, tendo braços não me
peguem, tendo
olhos não me encontrem e nem pensamentos eles
possam ter para me fazerem mal
Armas de fogo o meu corpo não alcançarão. Facas e
lanças se quebrarão sem ao meu corpo chegar
Cordas e correntes se arrebentarão sem o meu corpo
amarrarem
Jesus Cristo me proteja e me defenda com o poder de
sua santa e divina graça
A Virgem Maria de Nazaré me cubra com o sagrado
manto, me protegendo em todas as minhas dores e
aflições
E Deus, com sua divina misericórdia e grande poder,
seja o meu
defensor contra as maldades e perseguições dos meus
inimigos, e o
glorioso São Jorge, em nome de Deus, em nome de
Maria de Nazaré e
em nome da Falange do Divino Espírito Santo,
estenda-me o seu escudo e suas poderosas armas

Defenda-me com sua força e com sua grandeza do
   poder dos meus
inimigos, carnais e espirituais, e de todas as suas
   malevolências
Debaixo das patas do seu ginete, meus inimigos fiquem
Humildes e submissos a vós, sem se atreverem a ter um
   olhar sequer
que possa me prejudicar
Assim seja com o poder de Deus, Jesus e da Falange do
   Divino Espírito Santo, Amém
3 Padre Nosso, 3 Ave-Maria em Louvor
A São Jorge e o Anjo da Guarda
Assim seja[27]

A mobilização da gramática religiosa da guerra, bem como a identificação com o Deus de Davi, guerreiro da proteção e confirmação, atua como elemento estruturante do campo de poder,[28] como veremos.

No capítulo "Tranquilidade: evangélicos e traficantes em ação nas favelas", de *Oração de traficante*, Vital da Cunha analisa a aproximação dos traficantes aos evangélicos como resultado da nova possibilidade de se "estar engajado no tráfico de drogas e, ao mesmo tempo, viver e fazer o pentecostalismo hoje". Além disso, ações evangélicas direcionadas a traficantes, em situação carcerária ou mesmo ativos na criminalidade, são constantes e variadas.

Evangélicos vinculando-se a protagonistas do movimento faccioso estabelecem novas e surpreendentes relações em algumas favelas do Rio de Janeiro. Vital da Cunha deixa claro que, com isso, também se dá o *redirecionamento* da fé dos traficantes, que "antes estava ligada ao universo das religiões de matriz africana, [mas] hoje volta-se para uma expressão exclusivista, pentecostal".

Se nas décadas de 1980 e 1990 as identidades dos traficantes, dentro e fora de Acari, se associavam a religiosidades afro-brasileiras, nos anos 2000 elas assumem expressões evangélicas pentecostais.

A partir do redirecionamento da fé e do significativo aumento da presença evangélica pentecostal na favela, que ganha força e empodera uma nova geração de traficantes convertidos, o espaço público e as identidades criminosas assumem novas expressões e conferem novos significados a signos religiosos, que se constituem como ferramentas de manipulação e manutenção de poder local.

> [...] esta forma de autorrepresentação se constrói no interior de estratégias para a manutenção do controle do comércio de drogas na localidade, atualizadas, sustento, por novas concepções de mundo orientadas, entre outros, pelo universo religioso local.[29]

Christina Vital da Cunha ainda relata que, após a ocupação policial, período em que os evangélicos pentecostais avançam em atuação e poder, os traficantes recém-convertidos estabelecem, em sua administração, o que viria a ser chamado pelos moradores de "período de tranquilidade". Pelas mãos do Estado, São Jorge foi deposto, e o Deus dos evangélicos assumiu seu lugar naquele que seria o de maior honra e autoridade em qualquer favela, a Associação de Moradores.[30]

O Deus do traficante, o traficante de Deus

Entrevistada por Vital da Cunha, uma moradora diz: "Depois que o evangelho começou a entrar aqui, os homens da violência estão se convertendo [...] Muitos. Homem, mulher... muitos já se converteram." E continua, falando de sua experiência de morar em Acari: "Acari mudou muito. Eu pelo menos ainda acho que é um dos melhores lugares para se morar. [...] Eu pelo menos tinha vergonha de dar meu endereço. [...] Agora não, graças a Deus. Agora dou meu endereço tranquila."[31]

Alguns moradores também associam as melhorias realizadas, inclusive de infraestrutura, ao crescimento de evangélicos nas comunidades: "Asfalto, metrô, condução... melhorou muito, está calmo, muito calmo"; "Não era assim, não. Há vinte anos atrás não era assim, não. Acho que foi mais com oração também que ajudou... porque melhorou a vida de todo mundo."[32]

Em agradecimento e louvor ao Deus dos Exércitos evangélico pelos tempos áureos vividos no Complexo, uma oração passa a ser realizada diariamente, logo ao amanhecer, por meio de aproximadamente quinhentos "radinhos" espalhados pelos soldados do movimento local e arredores. Clamando por proteção aos moradores da comunidade e por segurança dos policiais militares (o que ainda ocorre nas novas configurações que veremos no próximo capítulo), o novo dono do morro não recorre mais às chagas de São Jorge, mas as substitui pelas do Cristo ressurreto, cavaleiro de guerra que garante a vitória dos evangélicos:

Senhor:
Fazei com que a vida torta que eu vivo sirva pra ajudar as pessoas a viver uma vida melhor e direita.

TRAFICANTES EVANGÉLICOS

Senhor:
Eu te peço, Senhor, que neste dia, nesta manhã, como em todos os dias, proteja os trabalhadores que saem agora para o trabalho. Proteja as crianças que saem pra escola.

Senhor:
Eu te peço proteção para os líderes comunitários desta comunidade.

Que o Senhor ilumine suas cabeças e toque seus corações e os livre da ganância e do egoísmo e olhem para o bem, que busquem o melhor para nossos moradores sofridos e pesados pelos governantes poderosos.

Senhor:
Eu lhe peço proteção não para mim, mas para meus amigos. Que os livre da morte, Senhor, que eles não sejam mortos covardemente e que não matem nenhum polícia ou inimigo que venha atacar nossa favela.

Em nome de Ti, Senhor, é só o que peço.

Agora vamos orar uma oração que todos conhecem e que serve para todas as religiões:

Pai nosso que estás no céu...[33]

Experiências religiosas, individuais e coletivas, estão presentes nas orações de traficantes locais, para aqueles que se assemelham a um mesmo Deus: o Deus do traficante. A relação entre as orações destacadas estabelece os pontos nodais

O Deus do traficante, o traficante de Deus

e "se apropria de um ponto discursivo privilegiado, aglutinando outros discursos em torno de si para representar todas as particularidades".[34]

Nas orações recorre-se à divindade assumindo-se o lugar de *sacerdote-suplicante*, em busca de perdão e proteção; e não somente para si, mas como *mediador*. A imagem que a comunidade constrói do sujeito corresponde a representações coletivas ou estereótipos que lhe estão associados previamente: o orante é amigo da comunidade e dos companheiros do tráfico, juiz dos líderes comunitários, inimigo da polícia e de outros; declara somente ser possível viver entre guerras, ciladas e injustiças, se revestido de autoridade divina. No clamor, reconhece suas limitações. Há desejo do sangue remidor do "Senhor Jesus Cristo"[35] sobre o corpo de quem ora ao Deus guerreiro, protetor; e um pedido para que o messianismo de uma "vida torta" contribua para que outros possam "viver uma vida melhor e direita".

Na fé que se manifesta na religiosidade afro-brasileira, o desejo de proteção e justiça se expressa no pedido para que o cavaleiro mantenha debaixo das patas do ginete de Ogum todos os seus "inimigos carnais e espirituais e toda sua malevolência". Já na oração ao Deus evangélico, temos uma piedade coletiva, na qual a comunidade se constrói a partir de representações prévias: trabalhadores, crianças e líderes comunitários. O orante também pede que seus "amigos" sejam poupados de confrontos com os inimigos e para que não "matem nenhum polícia ou inimigo que venha atacar nossa favela". Assim seja, segundo o desejo de seus corações ao Deus de suas devoções, de acordo com a urgência de suas necessidades. Amém!

O DEUS DE CADA UM: AUTORREPRESENTAÇÃO E IDENTIDADES

"Se houvesse tal coisa como uma religião que não nascesse da situação existencial do homem, como poderíamos entendê-la?"

Rubem Alves

Das inseguranças e vulnerabilidades estruturais que experimentam aqueles que vivem às margens, da opressão e do descaso do Estado e do sagrado, somente um Deus *guerreiro-justiceiro-libertador* poderia renascer. "Aqueles que um dia viram seus deuses morrer, que abraçaram os heróis para vê-los morrer também [...] descobriram que, a menos que eles fossem capazes de dar à luz novos deuses, só lhes restava a loucura", advertiu Rubem Alves, em *O enigma da religião*.

A vida precisa do milagre. Pensar Deus é necessidade humana de esperança diante das impossibilidades. Somente o nascimento de um Deus que ouvisse os favelados, abarrotados em barracos e soterrados pelos que vivem em torno da estrutura do Estado, seria capaz de fazê-los "menos loucos". Como visto no primeiro capítulo, de acordo com Pierre Sanchis, o *repto pentecostal* vem se apresentando como nova forma de pertencimento religioso, mais adequada à urbanização, à sociedade de classes e às individualidades modernas.

O êxito na construção da nova religiosidade pentecostal, ou *pentecostalidade*, deve-se, para Sanchis, ao "enxerto de sua novidade ao tronco da mesma 'cultura católica-brasileira' que vem confrontar". Segundo o antropólogo, a intercomunicação entre os sistemas simbólicos permite reinterpretações e inversões valorativas, pelas quais orixás passam a demônios e o Espírito Santo, a uma entidade entre outras. Sejam essas benéficas ou não, "diz respeito diretamente à existência do homem, à sua inteireza corporal ou espiritual, às relações que mantêm entre si, eventualmente à sua consciência ética e a seu destino espiritual".[36]

Um Deus que ouve de perto o clamor que vem das valas e rios que transbordam, dos corpos famintos e nus, de pele preta, encontrados pela bala perdida; que está nas rimas de Juju Rude, de Parada de Lucas, favela pentecostalizada da Zona Norte do Rio de Janeiro. Em videoclipe lançado em 2019, gravado na favela, ela canta a morte "dos menor" e o grito contra o inimigo, com imagens de camisetas estampadas com a última despedida de vítimas do conflito penduradas em varais.

A certa altura, ouve-se a fala da mãe de um menor assassinado por bala perdida em operação policial: "O Estado, ele veio para matar, roubar e destruir. É isso que eles estão fazendo com a gente. [...] Hoje eu sou uma inimiga do Estado." Comparando o Estado ao diabo, ela faz uma adaptação favelada do texto do evangelho de João (10:10). A produção termina com um verso bíblico, comum em contextos de guerra espiritual pentecostal, Salmos 91:3, gravado em uma parede, "Porque ele te livrará do laço do passarinheiro e da peste perniciosa", seguido de uma citação de Malcolm X, "Não se pode separar paz de liberdade porque ninguém consegue estar em paz a menos que tenha sua liberdade".

É da experimentação da vida na favela que se canta a favela: das paredes pichadas que narram, apagam e repintam suas histórias; das gírias e gramáticas, da arte e do futebol do campo "desgramado", e do feminismo favelado de uma artista como Juju Rude.[37] É, pois, da religião de favela que

TRAFICANTES EVANGÉLICOS

nasce o Deus favelado. Um Deus para quem é invisibilizado, negligenciado, violentado. Um Deus que os ouve. Um Deus que vê, protege, vinga e salva. Contudo, diferentemente do catolicismo, "o pentecostalismo não é dimensional e simples". "Os movimentos pentecostais reencontram e se reescrevem nas linhas de força do campo religioso brasileiro tradicional, manifestando as relações com o sagrado em multiplicidades e alteração e/ou alternâncias de identidades." [38]

No mesmo movimento que se enxerta e desenvolve uma pentecostalidade favelada, a religião popular vê nascer — e ajuda a criar — um Deus presente, que vingará o seu povo, julgará as suas causas e cantará as suas guerras. Na apresentação à obra de Ludwig Feuerbach, *A essência do cristianismo*, o tradutor, José da Silva Brandão, comentando o pensamento de Feuerbach, afirma que o ser humano, diante de sua total dependência:

> [...] chega a implorar aos deuses, antes de uma batalha, pela destruição dos seus inimigos. Muitas vezes não importa o que interessa a outros homens, mas sim o que interessa a quem implora, seja individual ou coletivamente. Assim, o homem rende graças por se sentir salvo ou curado, mas nesse momento não se lembra da justiça, pois não se lembra que outros homens não tiveram o mesmo privilégio e foram massacrados pelos mais estúpidos acidentes. [39]

Só é possível resistir às instabilidades perante a indignidade da vida e da morte com a esperança em um Deus que proteja e em um porvir no qual se poderá ser tudo o que não se é, no qual não haverá guerra, choro, fome ou luto, para

O Deus do traficante, o traficante de Deus

fazer ecoar o texto de Apocalipse 21:4. Agora, há urgência por segurança e proteção. O clamor pela mão da justiça sobre os inimigos e pela proteção dos amigos, familiares e vizinhos atravessa não só a vida, mas o motivo pelo qual a vida se torna uma realidade insuportável. Para o filósofo e antropólogo Rubem Alves, o que faz um ser é exatamente o que ele é: seu talento, sua riqueza — ou falta dela —, suas posses ou incapacidades. Ele assim explica como a experiência do mundo se constitui tendo no corpo individual seu princípio:

> Cada corpo, um centro de mundo. No mundo das moscas, todas as coisas são feitas à imagem da mosca. No mundo do ouriço-do-mar, todas as coisas são feitas às imagens do ouriço-do-mar. [...] Se as plantas tivessem olhos, capacidade para apreciar e julgar, cada uma delas diria que sua flor é a mais bonita.[40]

O transcender da humanidade é sua projeção para o sagrado a partir de si, de seus desejos e paixões; transcende-se a partir de um sujeito que se relaciona e é atravessado por diferentes elementos sociais, que se articulam em *descontinuidades*, fragmentadas e inacabadas.[41] O pai da teologia negra, o metodista James Cone, comentando as reflexões filosóficas de Ludwig Feuerbach sobre religião, destaca a importância de apreciar seu ponto de vista e não desassociar as reflexões de um teólogo do próprio teólogo:

> Aquilo que as pessoas pensam a respeito de Deus não pode ser separado de seu lugar e tempo numa história e cultura particulares. Embora Deus possa existir em alguma cidade

celestial além do tempo e do espaço, os seres humanos não podem transcender a história. Eles são limitados à esperança de sua natureza finita. E, mesmo quando os teólogos reivindicam apontar para além da história por causa da possibilidade dada pelo Criador da história, a imagem divina revelada na linguagem deles é formada pelo lugar deles no tempo [...]. Não apenas as questões que os teólogos levantam, mas as respostas dadas em seus discursos acerca do evangelho são limitadas pelas percepções sociais deles e, assim, largamente um reflexo das condições sociais materiais de uma dada sociedade. A teologia surge da vida e assim reflete a luta de um povo para criar significado na vida.[42]

As limitações decorrentes da desassociação do teólogo de sua teologia, bem como de se considerar que uma estrutura religiosa "possa ser tratada de forma monolítica, principalmente no meio urbano", foram notadas por Yvonne Maggie quando pesquisava favelas da Zona Norte carioca. Para a antropóloga, "a própria noção de comunidade até então utilizada na literatura sobre religiões afro-brasileiras deve ser revista", destacando a necessidade de atentar ao fato de que as religiões populares, ou religiões de *folks*, não são homogêneas.[43]

Em vista da função significante da teologia para a vida de uma determinada sociedade, cabe aos sujeitos "escolherem" os atributos indispensáveis ao seu Deus. Rubem Alves ilustra isso com a figura de um grande banquete que respeitasse as dietas mais variadas. Cada qual se serve de acordo com seu paladar e necessidade. Assim também é a teologia: "escolheram as ideias que mais apeteciam aos seus paladares

O Deus do traficante, o traficante de Deus

e menos ofendiam os seus estômagos" e "assim como as pessoas constroem suas dietas a partir das exigências de seus corpos, também elas constroem as suas teologias a partir do que elas são...",[44] possibilitando múltiplos e inesgotáveis deuses e teologias, dentro e fora do cristianismo.

Considerando os muitos atravessamentos e urgências impostos aos sujeitos marginalizados, além das diversas esferas de construção de seu modo de ser, podemos assumir o conceito, cunhado pelo antropólogo Jack David Eller, de "religião vernacular"[45] — a religião "como ela é vivida: como os humanos se encontram com ela, a entendem, a interpretam, e a praticam", e que se constitui fora dos padrões da "religião oficial", como resultado de experiências do próprio sujeito — para pensar uma *religião vernacular favelada*: vernacular, cotidiana, comum, individual, coletiva. Cultural. *Folk*. Popular. Uma nova religião a cada novo encontro, novo corpo, nova terra. Religião fluida e em contínua formação, pondo também em risco as fronteiras entre religião e não religião, entre sagrado e profano: sacralização do secular e/ou secularização da religião, que se forma e se integra nas novas experimentações a partir de novas identidades.

O Espírito dos cristãos protestantes "é um semeador sem muito gosto pelos traçados geométricos, que mistura tudo quanto é tipo de semente e as espalha ao vento...", escreve Rubem Alves, para elucidar as mais plurais e múltiplas vidas que florescem dos encontros e experimentações do sagrado:

> O Espírito de Deus, na sua unidade e vitalidade pode produzir as mais variadas formas de vida, sejam as culturas indígenas, as dançantes comunidades pentecostais africanas, ordens monásticas, experiências de contracultura, as

religiões populares e até mesmo estilos de vida em que nos sentimos em casa. E com os estilos de vida surgem novas formas de pensar Deus, sobre Cristo, sobre a salvação.[46]

É evidente a maneira como as individualidades são potencializadas no encontro com o Espírito do cristianismo protestante, em sua "explosão de cores, na desordem maravilhosamente bela da vida". Traçando um paralelo com a experiência religiosa afro-brasileira, quando propus um diálogo sobre Ogum, um amigo do candomblé assim começou: "Meu Ogum!", antes de desenvolver suas percepções sobre a divindade, considerando o Ogum que nasce no encontro com seu corpo, com cada corpo.

Assim sendo, deve-se compreender os corpos e sujeitos sob identidades fragmentadas, inacabadas e fluidas. No encontro com a religião que atravessa outras integralidades, constitui--se uma nova; como imagem de si, acaba sendo.

LINGUAGEM, RELIGIÃO E PODER

O início dos anos 2000 já apresentava aspectos sociais da transição religiosa das periferias cariocas e o redirecionamento da autorrepresentação do sujeito inserido no tráfico. Agora os espaços comuns são ocupados e identificados por versos bíblicos de guerra, *outdoors* e pinturas que demarcam e declaram Jesus como "dono do lugar".

As manifestações religiosas e as expressões éticas atuais seguem, ressignificadas por toda parte, com representações do Deus evangélico do traficante, chefe da facção local. Realiza-se, de forma comunitária, o rito do Santo Guerreiro, "Jesus, Senhor dos Exércitos". Diariamente, às cinco da manhã,[47] o radinho do tráfico sintoniza a benção divina, conduzindo toda a comunidade em oração ao Deus evangélico pentecostal.

> A identidade pentecostal demarca os campos e define uma adesão exclusiva. Um sujeito que assume uma identidade que repercute na totalidade de uma orientação existencial, que ela organiza. O fenômeno do "batismo no Espírito Santo" estabelece um corte, o fim da dispersão identitária, uma reorientação centralizada e centrípeta. [...] Neste sentido e nesta escala, a "conversão" é um fenômeno novo no Brasil.[48]

A individualização da experiência pentecostal e seu poder de penetração atravessam o campo religioso, e "sua lógica se reafirma e reorquestra constantemente ao fio de uma experiência ritual que vai muito além do costumeiro", conclui o antropólogo Pierre Sanchis. Os cultos participativos e "igualitários" e a "prática fundamental do testemunho" caracterizam o culto pentecostal como uma expressão de sujeitos que, "autonomamente e livremente", socializam experiências espirituais com um coletivo em convergências.

O pentecostalismo, categorizado em *ondas*, segundo perspectiva de Paul Freston — em sua tese de doutorado, *Protestantes e política no Brasil: da Constituinte ao impeachment*, de 1993 — é reconsiderado por Sanchis. Ao analisar o fenômeno, Sanchis aponta o fato de que as igrejas que constituem a segunda onda (e a terceira, por que não?) teriam "contaminado as pentecostais mais clássicas".

A partir dessa análise, consideraremos o neopentecostalismo para além da categoria de terceira onda. Assumiremos a complexidade desse movimento, que atravessa *ondas* anteriores, influencia outras expressões protestantes — como igrejas históricas e de missão — e transborda, alcançando e impulsionando o movimento carismático da Igreja católica. Sendo assim, entendemos que as "igrejas de cura" e as teologias da prosperidade e do domínio, tradicionalmente identificadas com o neopentecostalismo, são um movimento amplificado e múltiplo — para além das ondas, ou *pós-ondas*, possivelmente resultante das múltiplas e fluidas experimentações da pentecostalidade popular.

Como viu-se até aqui, nas décadas anteriores, os traficantes que se identificavam com as religiões de matriz africana e seus sincretismos com o catolicismo expunham individual e coletivamente suas expressões de fé: por meio de elementos religiosos e tatuagens; comparecendo a celebrações na umbanda e no candomblé; e por meio de imagens pintadas e erguidas em espaços estratégicos da favela, comunicando e delimitando os territórios sob seu domínio.

A complexidade desse cenário revela que a religião, como sistema de símbolos, pode dar "à existência um sentido que permita suportá-la, a despeito das perplexidades, do sofrimento e da injustiça. [...] onde antes só havia caos e confusão, agora passa a haver — a despeito das provações e mesmo através delas — o cumprimento de um plano de Deus".[49]

Para Rubem Alves, "o discurso religioso é uma extensão simbólica do corpo do crente. Esta é razão por que, quando sua linguagem é ferida, é como se seu corpo tivesse sido atacado". Para ele, a linguagem religiosa "nomeia as coisas, organiza a experiência, mapeia caminhos, indica as zonas obrigatórias, as permitidas, as proibidas" e determina ao novo convertido, que abandona o "corpo que morreu e assume um novo corpo", onde deverá agora encontrar prazer e o que poderá fazer.[50]

É por meio da linguagem que, segundo o sociólogo francês Pierre Bourdieu,[51] o poder se estrutura e se revela, por se configurar como instrumento de conhecimento e construção de mundo, delineando arbitrariamente seu caráter imanente e de integração social. As classes coexistem em luta constante por domínio de territórios e meios de produção simbólica, infligindo inclusive violência simbólica, pela qual se impõem e inculcam seus instrumentos de conhecimento da realidade social.

Identifica-se essa dinâmica nos casos mais recentes de violência religiosa em comunidades pentecostalizadas no Rio de Janeiro,[52] nos quais o "outro" é expulso de territórios sob domínio da facção que estabelece e organiza sua "terra prometida" na Zona Norte carioca.

A "vinculação" estabelecida por meio desse sistema simbólico, que tende a ocorrer onde existem enormes desigualdades de poder, define os laços dos "normais" em uma "comunidade imaginária" e envia, para fora da fronteira simbólica, todos os "outros" diferentes, "que estão fora dos limites" do que é comum, aceitável e pertencente, em "termos simbólicos ou culturais mais amplos, incluindo o poder de representar alguém ou alguma coisa de certa maneira — dentro de um determinado 'regime de representação'".[53] Adiante, esse ponto será ampliado.

Linguagem e poder

Nos territórios onde a vida é marcada pela guerra, as representações religiosas em pontos nodais são mais que um clamor à proteção — elas comunicam para quem transita de fora e para quem caminha por dentro quem é o dono e senhor do lugar.

A adesão da comunidade e do tráfico ao mundo pentecostal e ao estado de guerra — que no contexto evangélico pentecostal é o da batalha espiritual — ressignifica o *ethos*. A "noia dos manos" — "noia", que é uma redução de paranoia, neurose[54] —, a constante vigilância contra os inimigos (outras facções, policiais e membros internos com os quais se disputa poder), associa-se ao *ethos* religioso pentecostal, do Deus evangélico, cujo exército se prepara contra o inimigo, em um conflito entre bem e mal.

A alternância de poder entre hegemonias religiosas na comunidade desloca e realoca posições de classes dominadas e dominantes. No entanto, não se trata de qualquer poder, mas um que se deixa ver menos ou que é até mesmo "invisível"; poder que se exerce pela ausência de importância dada a sua existência, mas que fundamenta e movimenta uma série de outros poderes e atos.[55]

Escondido nas entrelinhas e cunhado justamente com esse propósito, é aquele que Bourdieu denomina *poder simbólico*: "O *poder simbólico* é, com efeito, esse poder invisível o qual só pode ser exercido com a cumplicidade daqueles que não querem saber que lhe estão sujeitos ou mesmo que o exercem."[56] E é por meio dos sistemas simbólicos, como a língua, a arte, a religião, que esse poder se revela. Em *A economia das trocas linguísticas*, Bourdieu afirma que "as trocas linguísticas — relações de comunicação por excelência — são também relações de poder simbólico em que se atualizam as relações de forças entre os locutores e seus respectivos grupos".[57]

A linguagem, como sistema simbólico essencial para o exercício do poder simbólico,[58] é uma estrutura estruturante, segundo o modelo de Saussure,[59] pois se configura como instrumento de conhecimento e de construção de mundo dos objetos, delineando seu caráter socialmente determinado e arbitrário de modo imanente.[60]

A produção de sentido no discurso, especialmente a conotação — pela qual o sentido fica atrelado ao contexto de emprego do signo — "remete à singularidade das experiências individuais, porque ela se constitui numa relação socialmente caracterizada na qual os receptores empregam a diversidade de seus instrumentos de apropriação".[61] A palavra dada no dicionário não encontra sentido senão no sistema e na prática social, imersa em situações cotidianas. Seus diversos sentidos surgem e se definem nas relações.

É no encontro com o sujeito e suas múltiplas *reinterpretações* que a polissemia da linguagem, religiosa ou não, é produzida: "na recepção da linguagem comum por locutores situados em posições diferentes no espaço social — dotados, portanto, de intenções e interesses diferentes —, ela consegue falar a todos os grupos e todos os grupos a podem falar."[62] Entretanto, as palavras são "multimoduladas". Elas carregam ecos de outros significados e nunca vêm vazias. Tudo o que dizemos tem um antes e depois, instável e inacabado, que se atualiza nas relações.[63]

Outro meio pelo qual o poder simbólico funciona são os símbolos, instrumentos de integração social. É a partir deles que uma determinada comunidade linguística, artística, religiosa, entra em consenso acerca dos sentidos e representações que circulam em seu meio e que contribuem para a reafirmação e reprodução de paradigmas, de ideias e de uma ordem social.[64] Desse modo, os símbolos são parte do sistema estrutural de como representamos a realidade e o mundo, o meio pelo qual uma religião, ou cultura, e seus valores se expressam e se reafirmam.

Tais sistemas linguísticos e suas dinâmicas podem ser conferidos nos movimentos e transições religiosas das últimas décadas nas favelas cariocas. A antiga "religião oficial" (o catolicismo sincretizado com a umbanda) é substituída pela da classe dominante. A manipulação de elementos religiosos, incluindo destruição e substituição de imagens — católicas e de orixás afro-brasileiros —, reproduz sistemas linguísticos compartilhados e compreendidos no território, multiplicando-se vertiginosamente na cidade.

De fato, a comunicação só se estabelece porque o sujeito compartilha das mesmas regras e códigos, permitindo que se comunique com o outro significativamente. A isso o linguista francês Ferdinand de Saussure se refere como parte social da linguagem, contraposta à outra, dos "atos particulares":

> Saussure dividiu a linguagem em duas partes. A primeira consiste nas regras gerais e códigos do sistema linguístico, que todos os seus usuários devem compartilhar para que ele seja utilizado como um meio de comunicação. [...] Essa estrutura de linguagem subjacente, governada por regras e que nos permite produzir sentenças bem formadas foi chamada por Saussure de *langue* (o sistema de linguagem).
>
> A segunda parte consiste nos atos particulares de fala, escrita ou desenho que — usando a estrutura e as regras da *langue* — são produzidos por um interlocutor ou escritor real. Ele chamou isso de "parole". A langue é o sistema

da linguagem, a linguagem como um sistema de formas, enquanto a parole é a fala [ou escrita] real, os atos de fala que só são possíveis pela linguagem.

A escolha dos santos e imagens não era, nem é, aleatória. Os pontos nodais, os desenhos e versos de vitória, anunciam e narram a guerra entre inimigos intraterritoriais, do Estado ou de uma facção rival. Os inimigos do mundo espiritual, que permeia a luta dos cristãos com o diabo, se caracterizam segundo novos movimentos do chamado neopentecostalismo — como a teologia do domínio.[65]

Os elementos religiosos destruídos e substituídos representam necessidades de proteção, pertencimento e justiça, comuns ao *ethos* local. Familiarizados com a linguagem do mundo do crime, também os agentes do Estado manipulam símbolos, a partir de estereótipos, os quais "*se apossam* das poucas características simples, vívidas, memoráveis, facilmente compreendidas e amplamente reconhecidas sobre uma pessoa" ou — acrescento eu — grupo.

Conceituando a estereotipagem, o teórico cultural Stuart Hall afirma que ela "reduz, essencializa, naturaliza e fixa a 'diferença'"; é "uma estratégia de 'cisão', que divide o normal e aceitável do anormal e inaceitável", que "exclui ou *expele* tudo o que não cabe, o que é diferente". Ou seja, "é parte da manutenção da ordem social e simbólica. Ela estabelece uma fronteira simbólica entre o 'normal' e o 'pervertido', o 'normal' e o 'patológico', o 'aceitável' e o 'inaceitável', o 'pertencente' e o que não pertence ou é o 'outro', entre 'pessoas de dentro' (*insiders*) e 'forasteiros' (*outsiders*), entre nós e eles".[66] Ainda segundo Hall:

O poder, ao que parece, tem que ser entendido aqui não apenas em termos de exploração econômica e coerção física, mas também em termos simbólicos ou culturais mais amplos, incluindo o poder de representar alguém ou alguma coisa de certa maneira — dentro de um determinado "regime de representação". Ele inclui o exercício do *poder simbólico* através das práticas representacionais, e a estereotipagem é um elemento-chave deste exercício de violência simbólica.[67]

JESUS É O DONO DO LUGAR: DESTRUIÇÃO E SUBSTITUIÇÃO DE ELEMENTOS RELIGIOSOS EM DOMINAÇÕES TERRITORIAIS CARIOCAS

> " A partir de agora e para sempre, […] é Terceiro Comando Puro, bonde dos taca bala, exército do Deus Vivo! Lá de Israel! "
>
> ÁLVARO MALAQUIAS
> DE SANTA ROSA, O PEIXÃO

NESTE CAPÍTULO, AMPLIAREMOS O OLHAR para as dinâmicas de partilha e dominação territorial das favelas do Rio de Janeiro e as disputas entre facções rivais na formação do narcotráfico carioca. No entanto, para isso, é necessário compreender, mesmo que resumidamente, o nascimento desses territórios, associados à pobreza, marginalidade, alienação e violência.[1]

Desde os primeiros estudos sobre favelas cariocas no programa de mestrado em Antropologia no Museu Nacional do Rio,[2] na década de 1970, as ciências sociais buscam compreender o fenômeno entre aproximações e distanciamentos de estigmas. A socióloga Licia do Prado Valladares, pensando a gênese da favela carioca, provoca olhares para o que chama de "herança mal conhecida", fazendo referência aos *cortiços* – como ficaram conhecidas as habitações precárias, organizadas em barracos, do mesmo tipo identificado posteriormente no Morro da Providência.

Os cortiços eram como "projetos de favela",[3] semelhantes às favelas, considerados *locus* de pobreza, moradia de vagabundos e malandros, que compunham a "classe perigosa". A autora estabelece a relação com a Guerra de Canudos e aquilo que ela denomina "mito de origem", apontando a relevância da obra *Os sertões*, de Euclides da Cunha, para a construção da narrativa que conjuga favela, Canudos e o Morro da Providência no imaginário popular.[4]

Essa e outras pesquisas contribuíram para definir os principais motivadores da favelização carioca e as categorias que identificam esses territórios. Há algumas décadas, e em continuidade com a pluralidade desde a sua formação, deixou de ser simples pensar favela (e comunidade) sem considerar categorias de classificação de institutos de pesquisa como o IBGE. À parte isso, ela também é facilmente identificada como um conjunto de habitações construídas no morro ou em asfalto, em terrenos legalizados ou loteados.

Características recentes, no entanto, nos impedem de assumir essa definição apressada, principalmente em vista das considerações de Janice Perlman (2002), professora de Planejamento Urbano e Regional na Universidade da Califórnia. A antropóloga norte-americana, que residiu por anos em favelas cariocas enquanto fazia pesquisa de campo, desde então destacando pluralidades e singulares dos territórios, afirma que "existem favelas de todo tipo": algumas mais espaçadas, outras menos povoadas; rua planejadas com espaços mais abertos, outras com caminhos mais estreitos.

Para Perlman, o que, afinal, "distingue a favela de muitas outras comunidades pobres que lhe são semelhantes é a ocupação ilegal da terra". Entretanto, fica evidente que nos deparamos com uma realidade controversa, quando, por exemplo, analisamos o mapa do Rio de Janeiro, em contextos atuais,[5] por meio da ferramenta desenvolvida e disponibilizada pela parceria entre o *data lab* Fogo Cruzado, o Grupo de Estudos dos Novos Ilegalismos, da Universidade Federal Fluminense, o Núcleo de Estudos da Violência, da Universidade de São Paulo, o Disque Denúncia e a plataforma digital *Pista News*.[6]

Agora, utilizaremos esses indicadores surpreendentes — inclusive para os pesquisadores e especialistas em segurança pública do estado –, disponíveis no Mapa dos Grupos Armados, para pensar favelas e periferias como territórios dominados por poderes do narcotráfico e paraestatais. Os dados do Instituto de Segurança Pública do Estado nos apresentam uma cidade do Rio — e grande parte do estado — fragmentada e dominada em novas (e dinâmicas) categorias de território.

Procurando ler e ouvir mais do que conceituar e categorizar esses territórios, consideramos favelas e periferias em paralelo, com foco na organização criminosa territorial e seus lugares de domínio.

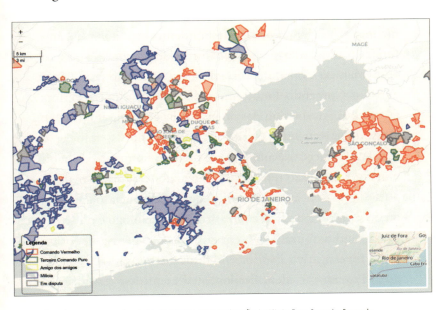

Mapa dos grupos armados do Rio de Janeiro, 2019. Realização: Instituto Fogo Cruzado, Grupo de Estudos dos Novos Ilegalismos da Universidade Federal Fluminense (GENI/UFF), Disque Denúncia RJ, Núcleo de Estudos da Violência da Universidade do Estado de São Paulo (NEV/Usp) e *Pista News*.[1]

Como mapeado nessa imagem, o Rio de Janeiro é uma cidade sob dinâmicas de disputas armadas de controle territorial peculiares, que a diferenciam de qualquer outra região do país, como afirmam os pesquisadores responsáveis pelo projeto.[8] Entre outras coisas, o mapa indica que essas dinâmicas se encontram em expansão para outras regiões do estado. Apesar das limitações metodológicas, reconhecidas, do Disque Denúncia e do *Pista News*, o Mapa dos Grupos Armados ainda é a ferramenta mais interativa e atual para auxiliar na compreensão do fenômeno histórico da violência urbana fluminense.

A legenda identifica os territórios dominados por facções, os em disputa e, para minha surpresa, territórios em poder de grupos paraestatais — as milícias,[9] representados no mapa pela cor azul, correspondentes a 25,5% da área total. Quanto aos bairros sob controle do narcotráfico, assim se dividem: o Comando Vermelho, em vermelho (23,7%); o Terceiro Comando Puro, em verde (3%); e a quase extinta facção Amigos dos Amigos, identificada em amarelo (0,3%).

A diferença entre territórios pertencentes a milícias e aqueles das facções é ampliada se tomado o número de habitantes e a expansão territorial: 57,5% do território e mais de 30% da população ficam sob poder e influência paraestatal ou do próprio Estado. Como afirmou o sociólogo e professor José Claudio Souza Alves, em entrevista à agência de jornalismo investigativo *Pública*,[10] "a milícia é o Estado".[11]

Mapeados e identificados brevemente os territórios e poderes a que está submetida a cidade, em ampliação e desenvolvimento para o estado, seguiremos na leitura das dinâmicas narcorreligiosas cariocas. Vamos nos deter especialmente sobre as disputas e tensões ocorridas entre o Comando Vermelho (CV) e o Terceiro Comando Puro (TCP) — principais facções do Estado e rivais desde sempre —, atualmente e a partir de sua gênese criminosa no Rio, na década de 1980.[12]

NARCORRELIGIÃO E DOMÍNIO: DESTRUIÇÃO E SUBSTITUIÇÃO DE SÍMBOLOS RELIGIOSOS COMO ASPECTO DE DOMINAÇÃO TERRITORIAL

Contextualizados e mapeados os territórios cariocas e seus respectivos donos, retornaremos à análise iniciada no primeiro capítulo sobre o Complexo do Acari, a fim de ampliarmos nossa compreensão das dinâmicas presentes nas disputas de território por meio de símbolos de dominação e identidade religiosa. Depois, veremos como se relacionam as "guerras de deuses" e as disputas por domínio territorial, tendo a *narcorreligião* — como temos denominado o fenômeno — como aspecto de identidade e dinâmica de dominação.

Entretanto, antes ainda de voltarmos à narcorreligiosidade carioca, precisamos nos voltar à narcorreligiosidade latino-americana, fenômeno mais amplo em relação ao qual aquela se compara. Em alguns países da América Latina, especialmente Colômbia e México, redes criminosas, de economias sustentadas pelo tráfico de entorpecentes e organizadas hierarquicamente por diferentes atores, tanto ilegais quanto legítimos, incluem indivíduos e diferentes tipos de instituições sociais e econômicas, que também se apropriam de símbolos e éticas religiosas.[13] Aliás, tomar o aspecto religioso como parte do contexto narcocultural mexicano, desde a década de 1990, é fundamental para compreender as dinâmicas de proteção espiritual dos narcotraficantes que retroalimentam a narcocultura.

Diante das incertezas e inseguranças de ampla camada da sociedade, novas formas de cidadania e alternativas de proteção se constituem. As devoções populares, os rituais de limpeza e cura, de empoderamento espiritual e proteção para traficantes revelam as vulnerabilidades dos sujeitos da guerra, que buscam conquistas e manutenção de poder, sem abrir mão do cuidado e justiça divina. Reconhecendo a complexidade dessa dinâmica, José Carlos Aguiar a considera "chave para compreender intimamente a cultura que distingue o narcotraficante".[14]

Em busca de proteção, justiça e emancipação social, a religião vernacular se constrói nas vivências marginais e clandestinas. A fragilidade das instituições sociais, governamentais e religiosas favorecem o fortalecimento de outras expressões a partir dos excluídos, que se veem representados em santos populares e não reconhecidos pela "religião oficial" do Estado — a Igreja católica:

> As vítimas mortas da violência caem e se somam a cada dia em todo o México, mostrando a vulnerabilidade das instituições mexicanas diante da corrupção, da criminalidade e da impunidade. Por um lado, os grupos religiosos mais conservadores, como o *Opus Dei*, uma certa hierarquia católica e os "cristãos", veem na violência e no colapso das instituições uma presença demoníaca, uma vitória do mal sobre o bem. Por outro lado, a imagem de Satanás circula nos mercados e nas *yerberías* de uma forma aberta nunca antes vista no México. O "mal" parece estar ganhando mais visibilidade no México. Em particular, as pessoas ligadas ao mundo da criminalidade fazem promessas e ofertas a Satanás para se proteger de seus inimigos e garantir o sucesso.[15]

As referências simbólicas do narcotráfico se inscrevem em contextos mais amplos, ordenando e dando sentido aos sistemas de morte e violência a que estão submetidos esses sujeitos. A narcorreligiosidade se produz às margens, construindo e dando sentido para a vida a partir da autorrepresentação em santos de devoção "não oficiais", incluindo *narcossantos*.

Jesús Malverde, que morava em Sinaloa, México, e foi enforcado no início da década de 1990, tornou-se santo de devoção de traficantes de droga, embora seus crimes fossem roubar e matar. Robin Hood popular, *folk*, é visto como protetor dos marginais, divindade que os abençoa e livra do poder do mal. De igual modo, *Santa Muerte* é venerada por sujeitos em posições inversas na estrutura social, criminosos e suas vítimas, e também por policiais. É difícil imaginar qualquer imagem, entre santos católicos ou populares, que se aproxime da representação de *Santa Muerte*, uma divindade com poder no mundo dos mortos, sob faces diversas, em sincretismos que incorporam o catolicismo, a *santería* e tradições religiosas pré-hispânicas. *Santa Muerte* pode ser representada como um ser feminino, uma mulher voluptuosa, uma mãe, uma noiva ou um homem corporificado em um guerreiro, com masculinidade vingativa e predatória.[16]

Logo, se identifica a narcorreligiosidade favelada e periférica do Rio de Janeiro com as expressões narcorreligiosas em contextos latino-americanos (ainda que não se possa perder de vista as diferenças): todas nascem da experiência religiosa popular e dinâmica, diante da violências e em territórios de pobreza.

Compreendemos, até aqui, como sua autorrepresentação se apropria da "religião oficial", construindo novos dizeres sobre Deus, que nascem da experiência do sujeito religioso no contexto de guerra urbana em territórios pentecostalizados. São expressões religiosas desenvolvidas a partir de uma religião mais próxima da "oficial" — ou a religião do Estado. Esta é atualizada segundo cenários particulares: no caso, como vimos no primeiro capítulo, narcorreligiosos, em contextos de pentecostalização, com todo o dinamismo e flexibilidade culturais do pentecostalismo.

De acordo com o contexto narcorreligioso latino-americano observado até então, a construção e a produção das subjetividades religiosas se constituem, assim como as dos cariocas, às margens — mas não só. Essas novas religiosidades, nascidas de imbricações sociopolíticas e culturais — visando a justiça, liberdade, proteção e autorrepresentação religiosa que dessem conta de seus modos de ser — de certo modo estão desassociadas da religião oficial. Trata-se, portanto, de um movimento marginal, em construção de perspectivas autônomas do Estado, com matrizes religiosas próprias, em certa medida sincréticas, e formadas por um panteão de divindades clandestinas — não reconhecidas pela Igreja como santos católicos.

Diante das peculiaridades e complexidades do fenômeno, posto em ensaio de aproximações e distanciamentos e desenvolvido brevemente neste livro, ressalto a urgência de novas investigações ampliarem a compreensão dos reflexos do narcotráfico na estrutura religiosa latino-americana e das experiências religiosas nas dinâmicas do tráfico. Desse modo, mostrarei, materialmente, as relações entre narcotráfico e religião que, atravessando-se e retroalimentando-se, compõem a *narcorreligiosidade carioca.*

Jesus é o dono do lugar

Guerra de divindades

Podemos retomar as impressões e relatos iniciais de Marcos Alvito sobre o Complexo, em seu *As cores de Acari*. Recolhidos desde a década de 1990, seus dados sobre a "guerra de deuses" têm sido pouco considerados nas análises do fenômeno. A narcorreligiosidade favelada e periférica carioca se manifesta para além dos corpos. Não está apenas nas peles tatuadas e nas roupas, mas também nas paredes pichadas por moradores autorizados ou artistas contratados, nas associações de moradores e nas entradas de territórios dominados, e nos louvores, que explodem porta afora, vindos de casas, templos e comércios.

As disputas territoriais são constitutivas das dinâmicas de guerra do narcotráfico carioca. Em nome de Deus, se luta e se avança; em nome de Deus, se perde e se retrocede. Esses atravessamentos religiosos nas favelas e periferias foram identificados desde a organização facciosa no Estado por pesquisadores, investigadores e comunicadores.[17]

A edição de 6 de abril de 1997 de *A Notícia* registra a decapitação de uma entidade da umbanda, Exu Caveira — identificada com o capeta — e a preservação de outras, Cosme e Damião, por provável devoção do responsável pelo ataque, o traficante Cadeira:

DECAPITADO EXU CAVEIRA

Entidade do candomblé perde a cabeça para traficante manter o domínio no morro do Dezoito. Numa prova de poder absoluto sobre o movimento no morro Dezoito, em Água Santa, o bandido Cadeira violou um "santuário" construído

TRAFICANTES EVANGÉLICOS

pelo rival, Peidão, e cortou a cabeça da imagem de Exu Caveira para mostrar que está se lixando até para o próprio capeta. Mas, sabe-se lá se por devoção, ele poupou as imagens dos santos gêmeos Cosme e Damião.

Isso ilustra que santos e entidades das religiões afro-brasileiras parecem participar das guerras do tráfico.[18] O mesmo relato menciona que o território fora perdido, "porque a liderança do morro" havia "deixado de colocar as contribuições no altar de Exu Caveira", e finaliza: "a devoção a santos e entidades do candomblé passa de traficante para traficante e vem de longa data." Nas disputas e vinganças contra policiais militares ou do Exército, as entidades ordenavam mortes e forneciam estratégias de guerra.

Evangélicos "jamais aparecem nas matérias como autores, e sim como vítimas desses atos violentos", com o ciclo da associação entre tráfico, mal e religiões afro-brasileiras, oposta àquela entre bem e evangélicos culminando com a conversão de policiais em pastores, como exemplifica a notícia do jornal *Povo do Rio*, de 12 de abril de 1998, destacada por Marcos Alvito:[19]

PMS VIRAM PASTORES

Jesus Cristo vive nos batalhões da PM. Um número cada vez maior de policiais sonha levar a palavra de Deus e converter bandidos.

A fé opera milagres [...] Uma Bíblia e um revólver 38. Estas são as principais armas que um número sempre maior de PMs utiliza para combater o crime organizado no Rio de Janeiro e na Baixada Fluminense.

Jesus é o dono do lugar

A secular associação entre religiões afro-brasileiras e violências facciosas é evidenciada pelos jornais populares, pelas etnografias reunidas neste livro, por diversas expressões artísticas e pelas ruas das favelas. As novas religiosidades dos anos 2000 atualizam sujeitos e suas divindades. Seguindo os anos de pentecostalização do Estado, especialmente nas periferias, o *redirecionamento* religioso ressignifica a guerra e o cotidiano.

O dinamismo pentecostal alcança traficantes locais, que atuavam como agentes de empoderamento das expressões religiosas católicas e afro-brasileiras, mas que agora empoderam o movimento evangélico, que, por meio do tráfico — mas não só dele —, se expande, transformando os territórios conquistados do *Inimigo*. A "nova" expressão de fé se apropria da "gramática pentecostal", modifica acessórios e tatuagens, e repinta a história e devoção dos locais públicos e privados — gravadas em muros, placas e *outdoors* —, em associações bem pouco convencionais.

Mas não foram as mãos do tráfico as únicas a potencializar a expansão do pentecostalismo nas favelas do Complexo do Acari. Inicialmente, os elementos religiosos afro-brasileiros também foram destruídos e substituídos por "policiais evangélicos", em operação de responsabilidade da Secretaria de Segurança, cientes da dinâmica narcorreligiosa carioca:

Conhecedores da dinâmica de ocupação espacial do tráfico nas favelas, os policiais não ignoram a relevância que muros, portões, *outdoors* têm como instrumentos privilegiados para a comunicação de mensagens, para demarcar posicionamentos, organizar as atividades rotineiras da localidade

TRAFICANTES EVANGÉLICOS

(como coleta de lixo etc.), para homenagear os "manos" que morreram e para sugerir (ou impor) a partilha de crenças, valores, linguagens entre moradores e os "donos da rua".[20]

Os policiais do 9º Batalhão de Polícia Militar do Rio de Janeiro foram os principais responsáveis pela destruição de símbolos religiosos afro-brasileiros, além de mensageiros da "nova ordem" das favelas, comunicada em linguagem compreendida coletivamente. No local onde funcionava a boca, por exemplo, inscreveram "fim do tráfico, paz para a comunidade" e assinaram "9º BPM".[21]

São Jorge sobre a laje da associação de moradores do Parque Acari, 1996.
Foto: Marcos Alvito.

Outdoor sobre a laje da Associação de Moradores de Acari, 2006.
Foto: Christina Vital da Cunha.

A associação de moradores, representada nas imagens anteriores, com uma década de distância, ostenta na laje o santo de devoção do dono do morro. O líder comunitário não é qualquer um na favela, nem a associação é qualquer lugar. Há quem a veja como uma "miniprefeitura", sendo seu

Jesus é o dono do lugar

líder o "subprefeito". Recentemente, moradores de favelas sob domínio da mesma facção, na Zona Norte, afirmavam que a associação é como um ponto de conexão Estado--tráfico-morador. Mudou a gestão, muda o líder, "por bem ou por mal".

Em Acari, na ocasião da ocupação policial, a imagem de São Jorge é deposta e substituída pelo *outdoor* com a inscrição "Jesus é o Senhor deste lugar", frase que se repete em muitas outras demarcações. A destruição e a substituição de símbolos religiosos tinham por objetivo declarar, com ataques, a ordem que "imperava nos seus limites, demonstrando, pela utilização dos mesmos recursos antes usados pelos traficantes, quem dominava, a partir de então, aquele lugar: o Estado/a polícia/Jesus".[22] Para o avanço pentecostal pelo território, além da Polícia Militar, contribuiu também a Polícia Civil. Os agentes substituíram dois altares erguidos em homenagem ao dono do morro após sua morte — o mesmo junto à estátua de Santa Anastácia, mostrada no primeiro capítulo — por pequenas estátuas de Jesus.[23]

Vital da Cunha afirma que os policiais evangélicos que tomaram a favela, no entanto, não permanecem por muito tempo nos territórios. Os traficantes retornam, os policiais se vão, e Jesus fica! Ou seja, a expansão evangélica, concomitante à ocupação policial, mesmo com a retirada do Estado, ganha novos agentes e patrocinadores, os *traficantes evangélicos*.[24]

Após a retomada da favela e a conversão de "Jeremias", a presença de evangélicos entre integrantes do TCP, no Complexo do Acari, se torna decisiva, anunciando que a manipulação de símbolos religiosos seguiria, até que todo território

129

se encontrasse dominado e identificado por seu santo de devoção, guerreiro e protetor.

Estratégias de ocupação de espaços comuns, emprego de símbolos para a apresentação de códigos, novas regras éticas e demarcação de territórios, permanecem como estruturas de linguagem que anunciam novos tempos na favela: um novo Deus para a mesma guerra — "Jesus é o dono do lugar". A fé ressignifica o crime, o crime ressignifica a fé.

Mural de São Jerônimo/Xangô na Favela de Acari, 1996. Foto: Marcos Alvito.

Mural com inscrição bíblica em Acari, onde antes ficava a pintura de Nossa Senhora Aparecida, 2001. Foto: Christina Vital da Cunha.

Mural com inscrição bíblica em Acari, 2008. Foto: Christina Vital da Cunha.

Outdoor com inscrição bíblica em Acari, em frente à Avenida Brasil, 2006. Foto: Christina Vital da Cunha.

COMPLEXO DE ISRAEL: BREVÍSSIMO PANORAMA DA CIDADE SANTA MARAVILHOSA E A VIOLÊNCIA RELIGIOSA EM FOCO

Os dados alarmantes da violência religiosa nas favelas e periferias do Rio de Janeiro atraem olhares de pesquisadores, ativistas e orgãos competentes, nacionais e internacionais. Diante do cenário carioca, a Organização das Nações Unidas (ONU) emitiu um comunicado sobre o aumento significativo dos casos de violência,[25] alertando com sinais e evidências de crimes de intolerância como fator de ameaça à liberdade religiosa.

Alertas que se confirmam nas pesquisas realizadas pela Comissão de Combate à Intolerância Religiosa (CCIR), criada em 2008. De acordo com o babalaô Ivanir dos Santos,[26] presidente da CCIR, os crimes foram acompanhados e investigados pelo Ministério Público do Estado do Rio de Janeiro (MPRJ), a fim de que se estabeleçam as medidas necessárias de repressão. Ainda nas denúnicas iniciais, o CCIR afirmou que o diálogo com o MPRJ tinha avançado. "Há a notícia grave de que seria o tráfico e uma determinada religião influenciando, fazendo uma pressão em detrimento de outro", afirmou o procurador Marcio Mothé, em entrevista à *Agência Brasil*.[27]

Com os dados divulgados pelo Instituto de Segurança Pública do Rio de Janeiro (ISP-Rio),[28] confirmam-se as notícias apontando a relação entre violência religiosa e narcotráfico. O dossiê do ISP-Rio demonstra que os cenários da maioria absoluta dos casos são os mesmos territórios dominados pela facção em associação narcorreligiosa com o pentecostalismo, em guerra com facções rivais e seus deuses. Territórios que estampam as páginas dos jornais, em matérias que retratam cenários de guerra, são identificados na identidade daquele a quem foram entregues e consagrados.

Favelas da Zona Norte do estado e Baixada Flumimense, especial e quase integralmente, são territórios do crime com cenas de injúria, preconceito, privação da liberdade das expressões religiosas afro-brasileiras e destruição e manipulação de seus simbolos de fé.

A nova configuração narcorreligiosa que se constitui no fim dos anos 1990 e início dos anos 2000, após a conversão de "Jeremias" e a onda que atravessa a experimentação

Jesus é o dono do lugar

religiosa de traficantes que o sucedem com a identificação evangélica pentecostal, marca um tempo de transição na Favela de Acari, na estrutura do Terceiro Comando Puro e nos próximos movimentos do crime no estado.

> Os recursos financeiros oriundos do comércio de drogas eram destinados, em parte, à realização de cultos com pastores aclamados no "mundo evangélico", assim como de shows com cantores famosos do universo *gospel* em quadras e praças das favelas do complexo de Acari. O financiamento de tais eventos combinava o interesse em "agradar" um segmento religioso importante na localidade, mas, também, aos próprios traficantes e a familiares, já que muitos deles foram ligados às igrejas evangélicas seja por terem tido (e terem) toda a família nesta religião, seja por já terem eles próprios "entrado" e se "desviado da igreja".[29]

Os fogos para São Jorge, as oferendas no Cruzeiro e as muitas festas para santos nos terreiros e ruas da favela não se veem mais. O esvaziamento das casas de umbanda e candomblé, e o aumento dos louvores, que agora explodem as fronteiras e invadem as ruas, são associados pelos moradores à libertação do lugar por Jesus. Enquanto se alimenta do movimento faccioso local, a mensagem evangélica pentecostal atravessa a experimentação da vida na favela.

Atravessadas por relações afetivas, comunitárias e parentais, as ambiguidades saltam aos olhos diante da associação de coisas aparentemente tão distantes. As conversões convencionais — marcadas por rupturas bruscas, como as dos testemunhos de ex-bandidos, com abandono do crime, da vida imoral, do amor ao poder e das drogas — não são mais tão presentes e/ou necessárias. Em vez disso, agora há muitas continuidades. Ao contrário do que se deveria esperar, em termos de ruptura pelas "conversões" ao pentecostalismo, apoiadas em fronteiras mais radicais:

> [...] emergem novas formas de empréstimos, passagens, reinterpretações, pontes entre universos simbólicos e rituais que se reconhecem mutuamente sentido e força. Relativização de fronteiras, destas mesmas fronteiras teoricamente afirmadas com tanta radicalidade.[30]

São poucos os anos de distância entre as últimas imagens aqui reproduzidas, datadas da década de 2000, até que o Rio de Janeiro começasse a ocupar as capas dos jornais como o segundo estado brasileiro de maior ameaça à liberdade religiosa. Em uma publicação do jornal *Extra*, em 11 de abril de 2014, o procurador Jaime Mitropoulos destaca, de um vídeo bloqueado pela justiça, a fala de uma liderança religiosa local: "Toca no irmão do teu lado e diz: você pode fechar todos os terreiros de macumba do teu bairro." Discursos como esses são muito comuns em pregações, orações públicas e campanhas de libertação de evangélicos pentecostais.

Não demora até que outras notícias envolvendo traficantes de territórios dominados pelo TCP descrevem mais episódios de violência religiosa contra expressões de fé afro-brasileiras. Os *traficantes evangélicos*, como ficaram conhecidos os de narcorreligiosidade pentecostal, aparecem como protagonistas dos casos de destruição e substituição de símbolos religiosos afro-brasileiros, conforme conquistam territórios, escancarando-se a dinâmica de guerra do tráfico carioca.

Terreiro de Candomblé, na Baixada Fuminense, ocupado por traficantes, 2019. Foto: Reprodução.

"Falaram que não podemos voltar", diz frequentador de terreiro dominado pelo TCP, em Parque Flora, Baixada Fluminense.[31] Na matéria para o jornal *Extra*, de 11 de abril de 2019, o jornalista Bruno Alfano afirma que, para os investigadores do caso, há indícios da "relação desta ação — e de várias outras similares registradas no Rio — com traficantes convertidos, por conveniência, dentro das prisões". Alfano comenta: "A proibição do Candomblé imposta pelo tráfico parte de uma facção específica é um problema de mais de uma década nas favelas do Rio."

Operação do exército na Comunidade Praça Seca, no Rio de Janeiro, 2018. Foto: José Lucena/Futura Press.

135

TRAFICANTES EVANGÉLICOS

Dando continuidade às dinâmicas de dominação territorial e identificação por meio de símbolos religiosos vistos até aqui, o Terceiro Comando Puro (TCP) se estabelece e fortalece no cenário narco do Rio de Janeiro, assinalando seu avanço e domínio territorial em favelas e periferias com a frase: "Jesus é o dono do lugar!"

Liderada por um pastor, a facção se torna a segunda maior organização do narcotráfico no estado,[32] perdendo em domínio e território apenas para sua maior rival, o Comando Vermelho. A organização administrativa do TCP, hierárquica, divide-se em segmentos, segundo os territórios dominados, com seus respectivos líderes. O segmento de maior representatividade na dinâmica de guerra narcorreligiosa da facção é o comandado por Peixão, ou Arão — apelido que faz referência ao personagem bíblico, irmão de Moisés, que conduziu o povo escolhido do Egito à Terra Prometida.[33]

Foto: Reprodução.

Foto: Reprodução.

Álvaro Malaquias Santa Rosa, 34 anos — ou mano Arão, para os membros da facção —, é evangélico e pastor ordenado na Assembleia de Deus Ministério de Portas Abertas. A relação com a igreja em Duque de Caxias, Baixada Fluminense, é afirmada pelo delegado Túlio Pelosi, responsável pela investigação na Polícia Civil.[34] Entre os moradores da comunidade de Parada de Lucas é bem conhecida a filiação pastoral e atuação evangélica do principal representante do TCP.

De acordo com os mais próximos ao traficante, Álvaro se destaca como um indivíduo "muito inteligente", que "dá visão e direção ao grupo, define estratégias de guerra, tudo sob orientação de Deus". Essa percepção se confirma em vídeo publicado no YouTube, atribuído a Peixão e divulgado apenas em maio de 2017, de acesso público, com um áudio de um diálogo anunciando a tomada da Cidade Alta, transcrito a seguir:

> Eu já falei pra vocês, permaneço falando, que se eu fosse inimigo da Alta, vocês já tinham perdido até a vida de vocês há

TRAFICANTES EVANGÉLICOS

muito tempo atrás, eu não sou inimigo da Alta, sou inimigo da facção a qual a Alta [muita interferência] a qual sempre viveu, né, irmão? pena que hoje em dia mudou muito as diretrizes dessa facção, então através disso daí, tá ligado? Muitos, muita gente perdeu seu espaço de viver tranquilo, de escolher o que fazer devido que tem essas regras malditas dessa facção imunda que vocês vivem aí certo? [...] Que até então, mano, dificuldade a gente já passou também, pô, mas a gente aprendeu a superar elas, entendeu? E a gente quer passar a luz que tem na nossa vida aqui pra vida de vocês também, estamos querendo compartilhar [interferência] na moral, se for necessário gastar algumas mil bala pra isso, a gente vai gastar algumas mil bala pra isso, certo? Eu peço a Deus que guarde as pessoas inocentes, que possa guardar aqui nossa rapaziada aqui, não quero derramamento de sangue da parte de vocês, mas o território aí a gente vai brigar por isso também, pô, vocês não falaram que vai brigar pelo bagulho? Vamo brigar também! [...] Vocês têm reunião da facção de vocês toda, tá tranquilo, a minha facção [muita interferência] a minha facção toda, porque o dia que tiver reunião da minha facção toda, pelo menos 25% do Rio de Janeiro a gente domina, vou nem falar 100% pra não ser hipócrita, certo? [interferência] tem espaço aí que nem interessa à gente, mas esse espaço aí infelizmente interessa à gente porque aí é uma terra boa, é uma terra aí que vai [interferência] uma boa semente e vai colher um bom fruto, e se vocês tão colhendo esses fruto negativo, vocês têm que analisar qual é a semente que foi jogada e tá sendo jogada na terra [...] O mais determinado a lutar por esse bagulho aí abaixo de Deus é eu mermo, mano, esse projeto não é do [nome ocultado], esse projeto não é do [nome ocultado], esse projeto não é mais dos 20 cria que tá aqui do meu lado, não, esse projeto é meu, pô, é meu com Deus, entendeu, irmão? Tá ligado? […] Não vai ficar tendo tiro, não vai ficar tendo nada, não. […] Se arma! Porque com arma ou sem arma o confronto vai existir, tá ligado. Agora não sei quando, a qualquer momento vai acontecer… mora no morro, disputa o bagulho de vocês aí.[35]

Como vimos, o pastor-narcotraficante Peixão estabeleceu diálogos de confronto com rivais, anunciando a expansão de seu território atual, formado por Parada de Lucas e Vigário Geral. A missão dada por Deus para libertar a comunidade da má administração do Comando Vermelho foi cumprida e teve êxito. Mano Arão anuncia a ação como ordenada por revelação e garantida por se tratar de um assunto pessoal, "negócio dele com Deus".

Em outro áudio, de 28 de dezembro de 2016 — logo após a conquista da Cidade Alta —, também atribuído ao líder do TCP, este revela a desunião da organização adversária e justifica a empreitada afirmando que a administração atual não valorizava a comunidade nem proporcionava segurança aos moradores, além de "esculachá-los" e privá-los da dignidade a que têm direito:

Aqui ninguém vai matar ninguém, não, mano, tá ligado? Nossa política não é usar e jogar fora não, tendeu? A nossa política é recuperar e instruir a fazer o que é certo, ou você acha que ficar vendendo crack é uma parada maneira? Ou você acha que ficar por aí, roubando aí velhinha, bolsa de pão das velhinhas no meio da rua, igual os cara fica, é uma parada maneira? Tendeu? A gente não fecha com o

Comando Vermelho nem por nada nesse mundo, mano, tá ligado? Então o menor aqui não tá aqui pra ser usado nem morto pela gente, não, menor tá aqui pra ser instruído, entendeu? Pra ser ensinado uma nova doutrina, ir lá onde que ele é cria e fazer a diferença, tá ligado? Fazer a diferença, o que aqueles cara não tava fazendo. Tu conhece a Cidade Alta? Tá ligado na história da Cidade Alta? Vem aqui pra tu ver como que tá a Cidade Alta, os cara enchendo essa porr* de entulho aqui, pô, os cara com um espírito de porco do caralh*, as ruas tudo cheia de lixo, tudo pichada, tudo esculachada, tá ligado, mano? Então, o menor aqui não tá aqui pra ser usado, não. E outro detalhe, se tu quiser um dia vir aqui conhecer a gente, visitar ele aqui, só ver como que tá, ou deixar de ver, pode vim, vai ser bem recebido, entendeu? Que, a partir de agora e para sempre, a Cidade Alta, Terceiro Comando Puro, Bonde dos Taca a Bala, o Exército do Deus Vivo, entendeu? Lá de Israel![36]

Os áudios, disponíveis em vídeo e reproduzidos milhares de vezes, revelam o discurso messiânico e doutrinal do *Homem* para os *moços* do movimento e a comunidade *reconstruída* sob seu comando. O modo de tratamento entre *O Homem* e *os moços* alude ao texto veterotestamentário de Neemias — sobretudo o capítulo 4 do livro homônimo —, liderando a reconstrução dos muros da Cidade Santa e a restabelecendo após o exílio babilônico.

A tomada da Cidade Alta, "em nome de Deus" (e, aparentemente, por princípios religiosos de direito e justiça), a estratégia de dominação e o desejo por ampliação territorial revelam a continuidade, atualizada, da religião como chave interpretativa das dinâmicas de violências facciosas no Rio de Janeiro.

Peixão afirma cumprir uma ordem divina e que, para isso, faria o que fosse necessário, o que de fato ocorreu.

Em novembro de 2016, o território de honra do Comando Vermelho é oficialmente conquistado pelo TCP. Sob a liderança de Álvaro, a Cidade Alta é conquistada pela "Tropa do mano Arão". Algumas resistências e pequenos novos conflitos se seguiram até que Cidade Alta, Cinco Bocas e Pica-Pau se somassem a Parada de Lucas e Vigário Geral, dando início ao *Complexo de Israel*. Fundado e administrado por Peixão, o novo território avança, em nome do TCP, para algumas outras favelas de Duque de Caxias e Nova Iguaçu, na Baixada Fluminense do Estado.

Segundo relato de moradores de novos territórios conquistados, uma carta-manual foi distribuída para anunciar a troca de comando, com as diretrizes daqueles que chegavam "em nome de Deus". Alegavam devolver a comunidade aos moradores, desde que sob a administração da facção. O líder Arão, contrário à comercialização de crack na favela — como fica claro nas fotos a seguir —, se estabelece como "rei da erva", especialmente a de cultivo hidropônico.

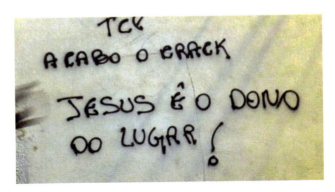

Pichação em muro na Favela da Palmirinha, na Zona Norte do Rio de Janeiro, 2015. Foto: Viviane Costa.

TRAFICANTES EVANGÉLICOS

Traficantes do morro da Serrinha, em Madureira, colocam faixas nas entradas da favela dizendo que ali não se vende crack, 2012. Foto: Marcelo Carnaval/Agência O Globo.

Diversas manifestações ocorreram em comemoração à conquista, considerada um marco histórico para a facção, e especialmente para a história de violência na Cidade Maravilhosa. Gravações extravagantes, acompanhadas de tiros e rojões, foram publicadas nas redes de líderes e integrantes do movimento. A bandeira de Israel desponta como símbolo do Complexo de Israel, organizado a partir da conquista da Cidade Alta e suas adjacências. No ponto mais alto da favela, é ostentada a Estrela de Davi, podendo ser vista por quem passa na mais importante via expressa da cidade, a Avenida Brasil. As demais favelas que formam o Complexo, e aquelas conquistadas posteriormente, são igualmente identificadas como território simbólico sagrado de Israel no Rio de Janeiro.

Jesus é o dono do lugar

Estrela de Davi colocada pelos traficantes no alto da Cidade Alta, na Zona Norte do Rio de Janeiro, 2020. Foto: Reprodução/Globo.

Bandeira de Israel na Favela de Vigário Geral, na Zona Norte do Rio de Janeiro, 2020. Foto: Reprodução.

143

TRAFICANTES EVANGÉLICOS

Bandeira de Israel no alto da comunidade de Cidade Alta, na Zona Norte do Rio de Janeiro, 2020. Foto: Viviane Costa.

Mural na favela de Parada de Lucas, na Zona Norte do Rio de Janeiro, 2020. Foto: Matias Maxx.

Recentemente, os movimentos do crime descritos neste livro foram potencializados pelo avanço das redes sociais e pela admissão delas como meio de comunicação dentro e fora das próprias facções. Ameaças a rivais, estratégias de guerra, rixas entre participantes ou simpatizantes do narcotráfico são narrativas constantemente divulgadas. Essas guerras, em nome de deuses identificados em paredes e corpos, aparecem contadas pelo espaço do Complexo do Acari. Pintar, desenhar, tatuar, isto é, produzir elementos de cunho narcorreligioso torna-se essencial para a demarcação de territórios e a disseminação e manutenção do poder.

As notícias fornecidas pelos canais de comunicação convencionais perdem em detalhes e dinâmica para as redes sociais dos sujeitos narcorreligiosos e para os portais de notícia locais: interativos e sempre atualizados.

A partir da consulta a dados de um desses portais, do Disque Denúncia e do Instituto de Segurança Pública do Estado, foi elaborado o chamado mapa das facções do Rio de Janeiro. Por meio dele, pode-se visualizar o Complexo de Israel sob o domínio do TCP, cercado por seu principal inimigo, além de sua expansão territorial pela Baixada Fluminense.

A fim de melhor acompanhar os movimentos atuais e futuros do fenômeno da guerra no Rio, os "perfis oficiais" de integrantes e líderes se unem às antigas formas de narrativa para contar a rotina na favela, reforçar doutrinas e éticas próprias, dar satisfação das atividades à comunidade, anunciar melhorias e experimentação de dignidade, divulgar bailes e/ou cultos evangélicos organizados pelos donos do morro, e iniciar novas guerras ou retomar as já iniciadas.

Mapas do tráfico em partes da cidade do Rio de Janeiro, agosto de 2021. Produção: Viviane Costa.

Jesus é o dono do lugar

Imagens das redes sociais. Foto: Reprodução.

A linguagem que estrutura o mundo do tráfico é conhecida por moradores integrantes ou não do movimento. Quando bandidos locais se comunicam em códigos de guerra, por meio dos *funks* conhecidos como "proibidões", moradores se antecipam sobre o risco de novos confrontos, e facções rivais reagem preparando-se para a próxima batalha. Assim, os "proibidões" e publicações em canais de acesso comunitário esclarecem motivações e narram batalhas travadas na guerra pelo Complexo da Penha contra o Comando Vermelho.

Ao que parece, para acompanhar os próximos passos do movimento, é necessário voltar-se para o Complexo da Penha. Em montagens publicadas nas redes sociais "oficiais" da facção, o território surge como objeto de desejo, anunciado como missão narcorreligiosa, sob a direção do mano Arão, a caminho da conquista (ou expansão) da *Terra Prometida*.

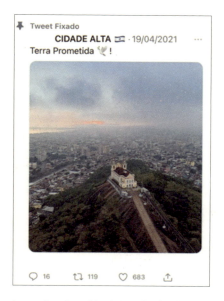

Imagens das redes sociais retratam o Complexo da Penha. Reprodução. Foto: Marcelomania/Shutterstock.

CONSIDERAÇÕES FINAIS

OS VENTOS PENTECOSTAIS SOPRAM em terras brasileiras e redirecionam religiosidades e dinâmicas urbanas. Há algumas décadas, o fenômeno pentecostal atraiu olhares surpresos de pesquisadores do campo religioso e da sociedade. Nos últimos anos, destacou-se, no Rio de Janeiro, a expansão de movimentos pentecostais e de uma nova identidade da religiosidade periférica, o que ameaça a tradicional hegemonia católica.

Constituídas de novas sobreposições e representações sagradas, as identidades religiosas observadas na relação de associações com organizações criminosas nos convocam a olhar, com urgência e mais atenção, para os recém-conhecidos traficantes evangélicos cariocas. Esse é o motivo que ainda move a pesquisa que originou este livro: um olhar para experimentações religiosas que compreendessem aparentes ambiguidades comuns em análises que se realizam desconsiderando suas complexidades, que se pensam de maneira distante de suas cotidianidades.

Como pastora evangélica pentecostal na Baixada Fluminense e professora de seminários teológicos na Zona Norte da cidade, me tornei agente e sujeito em ação nas construções dos cenários pentecostalizados e associados ao comércio de drogas local. Compreender os contextos, as fronteiras e os fragmentos onde se formam e revelam as identidades do traficante evangélico me conduziram ao monte santo, para o desvelamento da face de seu Deus — ou do nosso.

A princípio, esta pesquisa observou atentamente muros, becos e sons favelados se contando e recontando a partir do início dos anos 1990, laureados e tatuados por religiosidades católicas e afro-brasileiras. Os dados nos conduziram à compreensão do redirecionamento da fé no país, especialmente em territórios do Rio de Janeiro. Com velocidade surpreendente, os movimentos pentecostais que conquistam as telas da televisão a partir desse mesmo período também se multiplicam e ocupam as ruas de periferias e favelas cariocas.

Ambientes de vulnerabilidades socioeconômicas e marginalidades se identificam com a dinâmica pentecostal e são atraídos pelas experimentações sagradas que respondem de modo mais imediato às questões presentes, dando sentido à vida compartilhada em territórios de pobreza — que impõe inseguranças e incertezas. Em face do enfraquecimento do catolicismo (não mais) hegemônico, a pentecostalização de favelas cariocas modificou a estética, ressignificou a gramática, redirecionou a fé e relativizou as fronteiras, possibilitando associações não tão surpreendentes.

A partir das etnografias trabalhadas e de uma compreensão ampliada das relações entre religião e narcotráfico — desde sua organização, por meio dos elementos e expressões cotidianos da fé —, busquei propor um conceito de narcorreligiosidade com especificidade carioca, distinta da narcorreligiosidade latino-americana. Tradicionalmente de corpos fechados enquanto praticantes de religiosidades de matriz africana, traficantes redirecionam sua fé e associações comunitárias, procurando novos significados para a vida individual e comunitária, em adesão à crescente onda do movimento pentecostal periférico.

Considerações finais

Assim, os discursos presentes nas orações de traficantes, pintadas em muros e corpos ou narradas em rádios e redes, nos permitiram compreender a divindade que nasce e se forma a partir das experimentações cotidianas em que esses sujeitos vivem mergulhados. São Jorge, Ogum, Deus de Israel — o Deus do traficante é guerreiro-protetor-justiceiro-poderoso, está alerta e pronto a lutar e vencer, assim como seus devotos, que reivindicam fidelidade exclusiva e garantias de vitórias. Sob a égide do guerreiro, o manto do santo padroeiro, e a revelação e autoridade do Deus todo-poderoso de Davi, a narcorreligião se apresenta como aspecto fundamental do contexto urbano carioca da luta contra o mal e da violência como cultura.

O *ethos* de guerra ou o modo de ser carioca constituem, também, um campo minado de batalhas religiosas históricas. Seja em imagens decapitadas ou substituídas, seja em confrontos pentecostais que refletem o mundo espiritual, o Deus do traficante garante protagonismo nas dinâmicas de disputa e domínio territorial no Rio de Janeiro, presente nos discursos religiosos com estratégias de guerra reveladas desde sua gênese.

A *pentecostalidade* — como tendência e princípio ordenador e unificador das experiências cristãs que atravessam esferas sociopolíticas na construção de novas identidades religiosas e expressões culturais — considera o conceito de pentecostalidade do pastor e pesquisador peruano Bernardo Campos[1] e se aproxima dos apontamentos do professor Pierre Sanchis,[2] para a compreendermos a partir do conceito de religiosidade cultural.

Para isso, tomando por lente de observação a ideia de culturalidade do catolicismo como religião hegemônica — ou do Estado —, adotei a pentecostalidade em aproximações ao que admitimos considerar como catolicidade. Tendo em vista as diversas possibilidades e identidades que se constituem em cenários populares atravessados por expressões de religiosidade dominante (aqui observados os redirecionados e pentecostalizados), assumi o caráter inconclusivo desta pesquisa, salientando a obrigatoriedade de prosseguir somando-se olhares de outros pesquisadores sobre esse fenômeno de proporção continental.

O conceito de *narcorreligiosidade* foi abordado e desenvolvido a partir do contexto carioca, a fim de me conduzir à compreensão do Deus do traficante como protagonista das estruturas de poder, das tradicionais disputas entre facções e da formação do recente complexo da cidade santa, organizado na Zona Norte da cidade.

Nas ruas e redes do Terceiro Comando Puro (TCP) e no constante contato com moradores e alunos, graças à práxis pastoral e de pesquisa, tornou-se menos caricato e mais humanizado — mas não romantizado — o meu olhar para a figura do traficante-pastor Álvaro Malaquias, vulgo Peixão, e seus moços, que formam o temido "Exército do Deus vivo", ou o "Bonde dos Taca Bala". É ele o idealizador, "em nome do Deus vivo", do Complexo de Israel, no Rio de Janeiro, formalmente inaugurado a partir da conquista da Cidade Alta, em 2016.

É possível acompanhá-los narrando as autobiografias enquanto registram avanços e divulgam novos projetos e desafios. Esses mesmos registros nos asseguram que o TCP segue em movimento, que o Complexo da Penha é seu próximo alvo e que mais pesquisas são necessárias — e urgentes.

Considerações finais

Há muito o que se compreender sobre um fenômeno complexo e de tantas imbricações e atravessamentos. O que se evidencia é que caminhamos em um campo nada óbvio, do qual muito falta ser desvendado e que, atualmente, são insuficientes os olhares voltados às tantas complexidades desses cenários repletos de atores e atrizes, dedicados a observar o que as margens contam de si e o que os sujeitos e poderes contam das margens.

Questões superficialmente abordadas e não esgotadas carecem de novas pesquisas e leituras, como os lugares e papéis das mulheres na vida do crime e da narcorreligiosidade que é também o lugar da mulher do traficante ou da mulher-traficante: desde a tradicional irmã de oração, a mãe evangélica do filho que "se desvia" e é atraído para o mundo do crime, a esposa que ora a cada grande operação de guerra, até aquela que não deseja, como em outros tempos recentes, a ostentação de ser a primeira-dama do dono do morro, mas a própria dona do morro.

A estrutura de organização interna do TCP aponta para as múltiplas identidades femininas do movimento, incluindo mulheres na estrutura de poder e no domínio da facção. Resta, ainda, acompanhar os diversos e recorrentes casos de violência religiosa, que fazem o Rio de Janeiro liderar o ranking nacional dos crimes de intolerância, tendo como destaque áreas em dominação dessa mesma organização.

É importante, ainda, salientar as identificações econômicas e neoliberais comuns às teologias neopentecostais como estruturantes das organizações criminosas, não exclusivas dessa região. Rixas de "proibidão" — que ocupam livremente as redes sociais, narrando os movimentos e as táticas de guerra, provocando confrontos entre facções e internos a elas, e formando novos ídolos e estilos culturais — nos revelam um objeto em desenvolvimento, carente de pesquisas que contribuam para a compreensão das dinâmicas de violência urbana.

Algumas distâncias nos afastam de respostas conclusivas às diversas perguntas que surgiram e surgem nesta pesquisa. Sendo assim, é importante observar os complexos aspectos por ela levantados, mantendo as perspectivas lançadas sobre os novos movimentos pentecostais distanciadas das impossíveis definições tradicionalmente segmentadas em pentecostais e neopentecostais. E, a partir de então, seguir acompanhando as dinâmicas e identidades múltiplas que se entrelaçam em nome de Deus em disputas espirituais e territoriais nas fronteiras de uma guerra que não tem fim no horizonte.

NOTAS

CAPÍTULO I

1. CAMARGO, 1973.
2. SELMÁN, 2019.
3. CAMPOS, 1994.
4. Esse conceito de *ethos* é tomado do antropólogo Clifford Geertz, citado pelo professor Marcos Alvito, em seu livro *As cores de Acari: uma favela carioca*.
5. BONINO, 1980.
6. PIERUCCI; PRANDI, 1996.
7. SELMÁN, 2019.
8. SANCHIS, 1994, pp. 123–38.
9. *Ibid.*, p. 146.
10. *Ibid.*, p. 147.
11. *Ibid.*
12. Ver ZALUAR; ALVITO, 2014.
13. A analogia é de Cesar Romero Jacob, cientista político da PUC--Rio.
14. CAMURÇA, 2013.
15. MARIANO, 2014.
16. CAMARGO, 1973.
17. JACOB, 2003.

18. PIERUCCI; PRANDI, 1996.

19. MENEZES, 2013.

20. *Ibid.*

21. SANCHIS, 1994.

22. FERNANDES, 2013.

23. MARIZ; GRACINO JR., 2013.

24. Disponível em: https://bit.ly/3IneeX0. Acesso em: 15 out. 2020.

25. ALVES, 2020.

26. A expressão foi usada em uma palestra realizada na Faculdade Jesuíta de Filosofia e Teologia, em 2020.

27. ALVES *et al.*, 2017.

28. FERNANDES, 2013.

29. PIERUCCI, 2013.

30. ALVES *et al.*, 2017, p. 225.

31. CAMURÇA, 2013.

32. Em valores absolutos, de 8 para mais de 25 milhões, comparados os dados do IBGE coletados nos Censos 1991 e 2010.

33. MARIZ; GRACINO JR., 2013.

34. CAMURÇA, 2013.

35. MARIANO, 2014.

36. VITAL DA CUNHA, 2015, pp. 185–86.

37. A teologia da prosperidade e o neoliberalismo são irmãos siameses. Disponível em: https://bit.ly/3IMeH6s. Acesso em: 18 out. 2020.

38. BIRMAN; LEITE, 2002.

39. A América Latina é o território mais representativo desse fenômeno, destacando-se o Brasil como o maior país pentecostal do continente.

40. VITAL DA CUNHA, 2015.

41. *Ibid.*, p. 13.

42. Segundo o Índice de Desenvolvimento Humano (IDH), e tomando como referência dados do IBGE de 2000, Acari ocupa a 124ª posição entre os 126 bairros do Rio de Janeiro (VITAL DA CUNHA, 2015, p. 55).

Notas

43. WACQUANT, 2000, p. 110 *apud* VITAL DA CUNHA, 2015, p. 32. Cabe observar que os estudos de Wacquant se debruçam sobre os "territórios da pobreza" na França e nos Estados Unidos (VITAL, 2015, p. 33).

44. VITAL DA CUNHA, 2015, p. 35.

45. Ocorrida em 26 de julho de 1990, com o suposto envolvimento de policiais, a Chacina de Acari ocasionou o desaparecimento de onze pessoas, entre as quais sete menores (*Ibid.*, p. 65).

46. MARIANO, 2014.

47. *Ibid.*, p. 12.

48. VITAL DA CUNHA, 2015, p. 65.

49. VITAL DA CUNHA, 2015; MEDRADO, 2016.

50. VITAL DA CUNHA, 2015, p. 413.

51. *Ibid.*, p. 416.

52. ALVITO, 2001, p. 5.

53. *Ibid.*

54. *Ibid.*

55. *Ibid.*

56. VITAL DA CUNHA, 2015, p. 52.

57. Controvérsias dificultam estabelecer Amarelinho como favela, já que os moradores não se consideram como habitantes de comunidade. Assumiremos, no entanto, o recorte de Marcos Alvito e Christina Vital da Cunha, considerando que o tráfico o contabiliza como território de domínio. Há informações diferentes quanto às favelas que comporiam Acari. Vital da Cunha lista sete favelas que comporiam a área, ou o Complexo de Acari: Parque Proletariado de Acari; Coroado, ou Vila Rica; Vila Esperança; Beira-Rio; Parmalat; Fim do Mundo; e Parque Colúmbia. Vale lembrar que os moradores se referem ao lugar somente como favela ou comunidade. "Complexo" é o nome dado pela autoridade pública (e pela mídia) quando se refere a favelas contíguas, com traficantes filiados a uma mesma facção.

TRAFICANTES EVANGÉLICOS

[58] *Ibid.*, pp. 53–4.

[59] *Ibid.*

[60] Vital da Cunha se utiliza dos conceitos sugeridos por Freston (1994) e Mariano (2014).

[61] VITAL DA CUNHA, 2015, pp. 234–35.

[62] ALVITO, 2001, pp. 178–79.

[63] De acordo com Geertz (1989, p. 114 *apud* ALVITO, 2001, p. 179).

[64] ZALUAR, 2000, pp. 132–33.

[65] ZALUAR *apud* VITAL DA CUNHA, 2015, p. 287.

[66] ALVITO, 2001, pp. 26–8.

[67] *Ibid.*

[68] *Ibid.*, p. 36.

[69] *Ibid.*, p. 42.

[70] VITAL DA CUNHA, 2015, p. 330.

CAPÍTULO 2

[1] Passagens extraídas de matérias publicadas no jornal *A notícia*, no período de 20 a 29 de maio de 1996.

[2] VITAL DA CUNHA, 2015, p. 289.

[3] *Ibid.*; VITAL DA CUNHA, 2015; ZALUAR, 2000.

[4] VITAL DA CUNHA, 2015, p. 329.

[5] MAGGIE, 2015.

[6] MAGGIE; CONTINS, 1980, p. 90.

[7] *Ibid.*

[8] VITAL DA CUNHA, 2015, p. 340.

[9] VITAL DA CUNHA, 2002.

[10] VITAL DA CUNHA, 2015, p. 351.

[11] *Ibid.*, pp. 352–53.

[12] *Ibid.*, p. 357.

[13] *Ibid.*, p. 385.

[14] Disponível em: http://glo.bo/2VVIzFG. Acesso em: 18 jul. 2021.

[15] Disponível em: https://bit.ly/41kicsc. Acesso em: 18 jun. 2021.

Notas

[16] Para compreender melhor a popularidade do santo, principalmente entre a população masculina, confira o artigo do pesquisador Bartolomeu Tito Figueirôa de Medeiros, da Universidade Federal de Pernambuco: "São Jorge do Rio de Janeiro: o santo dos homens", de 2012.

[17] BIRMAN, 2003.

[18] PRANDI, 2019, pp. 29–30.

[19] ALVITO, 2001, p. 25.

[20] Ver ALVITO, 2001; VITAL DA CUNHA, 2015.

[21] MAGGIE, 2001.

[22] Ver BIRMAN, 2019; SANCHIS, 1997.

[23] MARIZ, 1999.

[24] LACLAU; MOUFFE, 2015, p. 178.

[25] Como são chamadas organizações facciosas nas favelas do Rio de Janeiro: "movimento", "firma" (VALLADARES, 2005).

[26] VALLADARES, 2005.

[27] ALVITO, 2001, pp. 26–7.

[28] MACHADO, 2017.

[29] VITAL DA CUNHA, 2015, p. 241.

[30] VITAL DA CUNHA, 2015; MEDRADO, 2015; ALMEIDA, 2006.

[31] VITAL DA CUNHA, 2015. pp. 354–55.

[32] *Ibid.*, p. 355.

[33] *Ibid.*, pp. 381–82.

[34] LACLAU; MOUFFE, 2015, p. 188.

[35] Para compreender melhor as doutrinas de pecado e salvação, ver HORTON, 1996; SCHNEIDER, 2012.

[36] SANCHIS, 1994.

[37] Disponível em: http://glo.bo/3KvUrr8. Acesso em: 17 jul. 2021.

[38] SANCHIS, 1994, p. 158.

[39] FEUERBACH, 2007, p. 8.

[40] ALVES, 1982, p. 23.

[41.] HALL, 2002.

[42.] CONE, 1985, pp. 51–3.

[43.] MAGGIE, 2001, p. 133.

[44.] ALVES, 1982.

[45.] ELLER, 2018.

[46.] *Ibid.*, pp. 17–8.

[47.] VITAL DA CUNHA, 2015.

[48.] SANCHIS, 1994.

[49.] ALVITO, 2001, pp. 178–79.

[50.] ALVES, 1982, pp. 25–6.

[51.] BOURDIEU, 1989.

[52.] Disponível em: http://glo.bo/3KqSaNO. Acesso em: 7 dez. 2020.

[53.] HALL, 2016, p. 193.

[54.] Ver MACHADO, 2017.

[55.] WACQUANT, 2013.

[56.] BOURDIEU, 1989, p. 7.

[57.] BOURDIEU, 2008, pp. 23–4.

[58.] CATANI, 2017.

[59.] HALL, 2016, p. 57.

[60.] BOURDIEU, 1989, p. 7.

[61.] BOURDIEU, 2008, p. 25.

[62.] *Ibid.*, p. 27; HALL, 2002.

[63.] HALL, 2002, p. 41.

[64.] BOURDIEU, 1989, p. 10.

[65.] MARIANO, 2014, p. 137.

[66.] HALL, 2016, pp. 191–92. Grifo do autor.

[67.] *Ibid.*, p. 193.

CAPÍTULO 3

[1.] BARRETO JR., 2019; VALLADARES, 2005.

[2.] VALLADARES, 2005, p. 119.

[3.] SILVA, 2020.

Notas

4. *Ibid.*, pp. 22–35.

5. As demarcações e categorias territoriais em favelas, conjuntos habitacionais, bairros e sub-bairros, e comunidades identificados no mapa se apropriam do trabalho interativo realizado pelo portal *Pista News* e por critérios cruzados com a base de dados do Disque Denúncia. Confira o lançamento do Mapa dos Grupos Armados do Rio de Janeiro. Disponível em: https://bit.ly/3YU-2diC. Acesso em: 24 jul. 2021.

6. Para mais informações sobre esse trabalho de pesquisa e o Mapa dos Grupos Armados do Rio de Janeiro, acesse: https://bit.ly/3I-fHJde. Há ainda outras ferramentas e plataformas disponíveis, como o *Google Maps* e outra muito comum entre moradores locais e motoristas de aplicativo, *Só favelas*. Nele, a atualização ocorre de forma mais dinâmica, com acesso permitido a usuários e moradores das regiões consideradas "com risco de morte".

7. Disponível em: https://bit.ly/3IfHJde. Acesso em: 24 jul. 2021.

8. Disponível em: https://bit.ly/3YU2diC. Acesso em: 24 jul. 2021.

9. Ver MISSE, 2003; MISSE, 2006.

10. SIMÕES, 2019.

11. Para entender a complexidade do desenvolvimento das milícias no Rio de Janeiro, de "grupos de extermínio" para estruturas mais amplas, envolvendo poder estadual e federal, ver também PAES MANSO, 2020.

12. Em meados da década de 1980, o tráfico de drogas carioca já se encontrava sob o domínio de duas grandes facções: a originária da Falange Vermelha (nomeada pela imprensa e assim popularizada Comando Vermelho); e a posterior, baseada na Falange do Jacaré, o Terceiro Comando, que em seguida se torna o Terceiro Comando Puro. Ver MISSE, 2003; SILVA, 2008.

13. BAILEY, 2014.

14. AGUIAR, 2019.

15. *Ibid.*

16. AGUIAR, 2019; KINGSBURY, 2018.

[17.] FARIAS, 2008; PERLMAN, 2002; VALLADARES, 2005; entre outros.

[18.] ALVITO, 2001, p. 213.

[19.] *Ibid.*, pp. 212–13.

[20.] VITAL DA CUNHA, 2015, p. 336.

[21.] ALVITO, 2001, p. 93.

[22.] VITAL DA CUNHA, 2015, p. 339.

[23.] ALVITO, 2001, p. 42.

[24.] VITAL DA CUNHA, 2015, pp. 339–40.

[25.] Disponível em: https://bit.ly/3Inrjj1. Acesso em: 18 set. 2020.

[26.] Disponível em: https://bit.ly/3Zc7bHl. Acesso em: 31 jul. 2021.

[27.] *Ibid.*

[28.] Disponível em: https://bit.ly/3m0nxEx. Acesso em: 31 jul. 2021.

[29.] VITAL DA CUNHA, 2008.

[30.] SANCHIS, 1997, p. 109, *apud* VITAL DA CUNHA, 2014.

[31.] Disponível em: http://glo.bo/2IefD5C. Acesso em: 2 ago. 2021.

[32.] Disponível em: https://bit.ly/3IfHJde. Acesso em: 24 jul. 2021.

[33.] As imagens sem autoria — assim veiculadas por medida de segurança — são reproduções de postagens em redes sociais de líderes e integrantes do movimento.

[34.] Disponível em: http://glo.bo/31LMYKV. Acesso em: 31 jul. 2021.

[35.] Disponível em: https://bit.ly/3IO4OFv. Acesso em: 3 ago. 2021.

[36.] Disponível em: https://bit.ly/3SohHcc. Acesso em: 3 ago. 2021.

CONSIDERAÇÕES FINAIS

[1.] CAMPOS, 1994.

[2.] SANCHIS, 1994.

REFERÊNCIAS

AGUIAR, José Carlos G. A quem os narcotraficantes estão perguntando? Emancipação e justiça na narcocultura no México. *Inserções*, 04, pp. 109–44, 2019.

ALMEIDA, Ronaldo. A expansão pentecostal: circulação e flexibilidade. *In*: TEIXEIRA, Faustino; MENEZES, Renata de Castro (Org.). *As religiões no Brasil*: continuidades e rupturas. Petrópolis: Vozes, 2006.

ALMEIDA, Rosiane Rodrigues de. *A luta por um modo de vida*: o enfrentamento ao racismo religioso no Brasil. 1. ed. Niterói: EdUFF, 2022. v. 1.

ALVES, José Claudio Souza. *Dos barões ao extermínio*: uma história da violência na Baixada Fluminense. 2. ed. Rio de Janeiro: Consequência, 2003.

ALVES, José Eustáquio Diniz. Motivos e consequências da aceleração da transição religiosa no Brasil. *EcoDebate*, 29 jan. 2020. Disponível em: https://bit.ly/3EGjwMm. Acesso em: 27 fev. 2023.

ALVES, José Eustáquio *et al.* Distribuição espacial da transição religiosa no Brasil. *Tempo social,* São Paulo, v. 29, n. 2, pp. 215–42, maio-ago. 2017.

ALVES, Rubem. *Dogmatismo e tolerância*. São Paulo: Edições Paulinas, 1982.

_____. *O enigma da religião*. Petrópolis: Vozes, 2006.

ALVITO, Marcos. *As cores de Acari*: uma favela carioca. Rio de Janeiro: FGV, 2001.

BAILEY, John. *Crime e impunidade*: armadilhas de segurança no México. México: Debate, 2014.

BARRETO JR., Raimundo César. *Evangélicos e pobreza no Brasil*: encontros e respostas éticas. 2. ed. São Paulo: Recriar, 2019.

BIRMAN, Patricia. Conexões políticas e bricolagens: questões sobre pentecostalismo. *In*: SANCHIS, P. (Org.). *Fiéis & cidadãos*: percursos de sincretismo no Brasil. Rio de Janeiro: Eduerj, 2001.

_____. Narrativas seculares e religiosas sobre a violência: as fronteiras do humano no governo dos pobres. *Sociologia & Antropologia*, Rio de Janeiro, v. 9, n. 1, pp. 111–34, jan./abr. 2019.

_____. Sobre o mal à brasileira e o mal-estar que nos acompanha. *Debates do NER*, Porto Alegre, a. 4, n. 4, pp. 7–19, jul. 2003.

BIRMAN, Patricia; LEITE, Márcia. O que aconteceu com o antigo maior país católico do mundo? *In*: BETHELL, Leslie (Org.). *Brasil, fardo do passado, promessa do futuro*. Rio de Janeiro: Civilização Brasileira, 2002. pp. 323–48.

BONINO, José Míguez. For Life and Against Death: a theology that takes sides. *The Christian Century*, 97/38, pp. 1154–158, 26 nov. 1980.

BOURDIEU, Pierre. *A economia das trocas linguísticas*. 2. ed. São Paulo: Edusp, 2008.

_____. *O poder simbólico*. 7. ed. Rio de Janeiro: Bertrand Brasil, 1989.

CAMARGO, Cândido Procópio Ferreira de (Org.). *Católicos, protestantes, espíritas*. Petrópolis: Vozes, 1973.

CAMPOS, Bernardo. Pentecostalismo y cultura. *In*: GUTIÉRREZ, Tomás. *Protestantismo y cultura en América Latina*: aportes y proyecciones. Quito: Clai, 1994.

Referências

CAMPOS, Leonildo. Evangélicos de missão em declínio no Brasil: exercícios de demografia religiosa à margem do Censo de 2010. *In*: TEIXEIRA, Faustino; MENEZES, Renata de Castro (Org.). *Religiões em movimento*: o censo 2010. Petrópolis: Vozes, 2013.

CAMURÇA, Marcelo Ayres. O Brasil religioso que emerge do censo de 2010: consolidações, tendências e perplexidades. *In*: TEIXEIRA, Faustino; MENEZES, Renata de Castro (Org.). *Religiões em movimento*: o censo 2010. Petrópolis: Vozes, 2013.

CATANI, Afrânio Mendes. *Vocabulário Bourdieu*. Belo Horizonte: Autêntica Editora, 2017.

CONE, James H. *O Deus dos oprimidos*. São Paulo: Paulinas, 1985.

ELLER, Jack David. *Introdução à Antropologia da Religião*. Petrópolis: Vozes, 2018.

FARIAS, Juliana. Da asfixia: reflexões sobre a atuação do tráfico de drogas nas favelas cariocas. *In*: SILVA, Luiz Antônio Machado da (Org.). *Vida sob cerco*: violência e rotina nas favelas do Rio de Janeiro. Rio de Janeiro: Nova Fronteira, 2008.

FERNANDES, Silvia Regina Alves. Os números de católicos no Brasil: mobilidades, experimentação e propostas não redutivistas na análise do censo. *In*: TEIXEIRA, Faustino; MENEZES, Renata (Org.). *Religiões em movimento*: o censo 2010. Petrópolis: Vozes, 2013.

FEUERBACH, Ludwig. *A essência do cristianismo*. Tradução e notas de José da Silva Brandão. Petrópolis: Vozes, 2007.

FRESTON, Paul. Breve história do pentecostalismo brasileiro. *In*: ANTONIAZZI, Alberto *et al.* (Org.). *Nem anjos nem demônios*: interpretações sociológicas do pentecostalismo. 2. ed. Petrópolis: Vozes, 1994.

_____. Evangélicos na política brasileira. *Religião & Sociedade*, Rio de Janeiro, v. 16, n. 1–2, pp. 26–44, 1992.

_____. *Protestantes e política no Brasil:* da Constituinte ao *impeachment*. 1993. 303 f. Tese (Doutorado em Ciências Sociais) — Universidade Estadual de Campinas, Campinas, 1993.

GONÇALVES, Juliana. Ataques a religiões de matriz africana fazem parte da nova dinâmica do tráfico no Rio. *The Intercept Brasil*, Rio de Janeiro, set. 2017. Disponível em: https://bit.ly/3XVTlb7. Acesso em: 23 jun. 2019.

HALL, Stuart. *Cultura e representação*. Rio de Janeiro: Ed. PUC-Rio; Apicuri, 2016.

_____. *A identidade cultural na pós-modernidade*. 7. ed. Rio de Janeiro: DP&A, 2002.

HORTON, Stanley M. *Teologia sistemática*. Rio de Janeiro: CPAD, 1996.

JACOB, Cesar Romero *et al. Atlas da filiação religiosa e indicadores sociais no Brasil*. Rio de Janeiro: Ed. PUC-Rio; São Paulo: Edições Loyola, 2003.

LACLAU, Ernesto; MOUFFE, Chantal. *Hegemonia e estratégia socialista*: por uma política democrática radical. São Paulo: Intermeios; Brasília: CNPq, 2015.

LARANGEIRA, Emir. *Cavalos Corredores*: a verdadeira história. Rio de Janeiro: Editora Beto Brito, 2004.

LINS, Paulo. *Cidade de Deus*. Rio de Janeiro: Companhia das Letras, 1997.

MACHADO DA SILVA, Luiz Antonio (Org.). *Vida sob cerco*: violência e rotina nas favelas do Rio de Janeiro. Rio de Janeiro: Faperj/Nova Fronteira, 2008.

MACHADO, Ricardo. Oração de traficante. O mundo da guerra do tráfico e da guerra das almas. Entrevista especial com Christina Vital Cunha. *Revista Instituto Humanitas Unisinos*, São Leopoldo, 16 fev. 2017. Disponível em: https://bit.ly/3EsMZcc. Acesso em: 23 jun. 2019.

MAGGIE, Yvonne. *Guerra de Orixá*: um estudo de ritual e conflito. 3. ed. Rio de Janeiro: Zahar, 2001.

_____. Traficante Playboy e a fé no "corpo fechado". *G1*, 14 ago. 2015. Disponível em: http://glo.bo/3EuDlGm. Acesso em: 2 maio 2021.

Referências

MAGGIE, Yvonne; CONTINS, Marcia. Gueto cultural ou a umbanda como modo de vida: notas sobre uma experiência de campo na Baixada Fluminense. *In*: VELHO, Gilberto (Org.). *O desafio da cidade*. Rio de Janeiro: Campus, 1980. pp. 77–92.

MARIANO, Ricardo. Expansão pentecostal no Brasil: o caso da Igreja Universal. *Estudos Avançados*, São Paulo, v. 18, n. 52, 2004.

_____. Sociologia do crescimento pentecostal no Brasil: um balanço. *Perspectiva Teológica*, Belo Horizonte, v. 43, 2011.

_____. *Neopentecostais*: sociologia do novo pentecostalismo no Brasil. São Paulo: Edições Loyola, 2014.

MARIZ, Cecília Loreto. Secularização e dessecularização: comentários a um texto de Peter Berger. *Religião & Sociedade*, Rio de Janeiro, v. 21, n. 1, pp. 25–39, abr. 2001.

_____. A teologia da batalha espiritual. *BIB*, Rio de Janeiro, n. 47, 1º sem. 1999.

MARIZ, Cecília Loreto; GRACINO JR., Paulo. As igrejas pentecostais no censo 2010. *In*: TEIXEIRA, Faustino; MENEZES, Renata de Castro (Org.). *Religiões em movimento*: o censo 2010. Petrópolis: Rio de Janeiro: Vozes, 2013.

MEDEIROS, Bartolomeu Tito Figueirôa. São Jorge do Rio de Janeiro: o santo dos homens. *Numen*: revista de estudos e pesquisa da religião, Juiz de Fora, Universidade Federal de Juiz de Fora, v. 15, n. 1, pp. 89–124, 2012.

MEDRADO, Lucas. *Cristianismo e criminalidade*. São Paulo: Fonte Editorial, 2016.

MENEGHETTI, Diego. O que significam as principais tatuagens de presidiário. *Superinteressante*, São Paulo, 9 fev. 2017. Disponível em: https://bit.ly/3xN2Mz8. Acesso em: 4 maio 2021.

MENEZES, Renata de Castro. Às margens do censo 2010: expectativas, repercussões, limites e uso dos dados de religião. *In*:

TEIXEIRA, Faustino; MENEZES, Renata de Castro (Org.). *Religiões em movimento*: o censo 2010. Petrópolis: Vozes, 2013.

MIRANDA, Ana Paula *et al*. Terreiros sob ataque? A governança criminal em nome de Deus e as disputas do domínio armado no Rio de Janeiro. *Dilemas — Revista de Estudos de Conflito e Controle Social*, Rio de Janeiro, edição especial n. 4, pp. 619–50, 2022. Disponível em: https://bit.ly/3xHyVbh. Acesso em: 23 jan. 2023.

MISSE, Michel. *Crime e violência no Brasil contemporâneo*: estudos de sociologia do crime e da violência urbana. Rio de Janeiro: Lumen Juris, 2006.

_____. O movimento: a constituição e reprodução das redes do mercado informal ilegal de drogas a varejo no Rio de Janeiro e seus efeitos de violência. *In*: BAPTISTA, Marcos *et al*. (Org.). *Drogas e pós-modernidade*: faces de um tema proscrito. Rio de Janeiro: Eduerj, 2003. pp. 147–56.

MONTERO, Paula. "Religiões e dilemas na sociedade brasileira". *In*: *O que ler na ciência social brasileira (1970–1995)*. São Paulo: ed. Sumaré; Brasília: Anpocs, 1999. pp. 327–67.

PAES MANSO, Bruno. *A república das milícias: dos Esquadrões da Morte à Era Bolsonaro*. São Paulo: Todavia, 2020.

PERLMAN, Janice E. *O mito da marginalidade*: favelas e política no Rio de Janeiro. Rio de Janeiro: Paz e Terra, 2002.

PIERUCCI, Antônio Flávio. Secularização e declínio do catolicismo. *In:* SOUZA, Beatriz Muniz de; MARTINO, Luiz Mauro Sá (Org.). *Sociologia da religião e mudança social*: católicos, protestantes e novos movimentos religiosos no Brasil. São Paulo: Paulus, 2004.

PIERUCCI, Antônio Flávio; PRANDI, Reginaldo. *A realidade social das religiões no Brasil*. São Paulo: Hucitec, 1996.

PRANDI, Reginaldo. *Ogum: caçador, agricultor, ferreiro, trabalhador, guerreiro e rei*. Rio de Janeiro: Pallas, 2019.

_____. Religião não é mais herança, mas opção. *Folha de S.Paulo*, São Paulo, p. 4, 26 dez. 1999. Caderno especial Fé no Ano 2000.

ROSADO-NUNES, Maria José. O catolicismo sob o escrutínio da modernidade. *In:* SOUZA, Beatriz Muniz de; MARTINO, Luiz Mauro Sá (Org.). *Sociologia da religião e mudança social*: católicos, protestantes e novos movimentos religiosos no Brasil. São Paulo: Paulus, 2004.

SANCHIS, Pierre. O campo religioso contemporâneo no Brasil. *In*: ORO, Ari Pedro; STEIL, Carlos Alberto (Org.). *Globalização e religião*. Petrópolis: Vozes; Porto Alegre: Universidade Federal do Rio Grande do Sul, 1997. pp. 103–15.

_____. O repto pentecostal à "cultura católico-brasileira". *Revista de Antropologia*, São Paulo, v. 37, pp. 145–82, 1994.

_____. Religiões no mundo contemporâneo: convivência e conflitos. *ILHA*: Revista de Antropologia, Florianópolis, v. 4, n. 2, pp. 7–23, set. 2002. Disponível em: https://bit.ly/3IpAVts. Acesso em: 23 jan. 2023.

SCHNEIDER, Theodor (Org.). *Manual de dogmática*. v. I. 5. ed. Petrópolis: Vozes, 2012.

SELMÁN, Pablo. Quem são? Por que eles crescem? No que eles creem? Pentecostalismo e política na América Latina. *Nueva Sociedad*, mar.-abr. 2019. Tradução de Wagner Fernandes de Azevedo. Disponível em: https://bit.ly/3IM4O8L. Acesso em 10 out. 2020.

SILVA, Luiz Antônio Machado da (Org.). *Vida sob cerco*: violência e rotina nas favelas do Rio de Janeiro. Rio de Janeiro: Nova Fronteira, 2008.

SILVA, Priscila Alves Gonçalves. *Religião e violência na favela*: a fé e o cotidiano lavados pelo sangue de Jesus. São Paulo: Recriar, 2020.

SIMÕES, Mariana. "No Rio de Janeiro a milícia não é um poder paralelo. É o Estado". *Agência Pública*, jan. 2019. Disponível em: https://bit.ly/3m9LWrA. Acesso em: 24 jul. 2021.

SOUZA, Beatriz Muniz de; MARTINO, Luiz Mauro Sá (Org.). *Sociologia da religião e mudança social*: católicos, protestantes e novos movimentos religiosos no Brasil. São Paulo: Paulus, 2004.

TEIXEIRA, Faustino; MENEZES, Renata de Castro (Org.). *Religiões em movimento*: o censo 2010. Petrópolis: Vozes, 2013.

VALLADARES, Licia do Prado. *A invenção da favela*: do mito de origem a favela.com. Rio de Janeiro: Editora FGV, 2005.

VITAL DA CUNHA, Christina. Intolerância religiosa, UPPs e traficantes em foco: processos e práticas performadas pelo Estado em favelas cariocas. *In*: ARAÚJO, Melvina; VITAL DA CUNHA, Christina. (Orgs.). *Religião e Conflito*. Curitiba: Editora Prismas, 2016.

_____. *Ocupação evangélica: efeitos sociais do crescimento pentecostal na Favela de Acari*. 2002. Dissertação (Mestrado em Sociologia e Antropologia) — Instituto de Filosofia e Ciências Sociais, Universidade Federal do Rio de Janeiro, Rio de Janeiro, 2002.

_____. *Oração de traficante*: uma etnografia. Rio de Janeiro: Garamond, 2015.

_____. Religião e criminalidade: traficantes evangélicos entre os anos de 1980 e 2000 nas favelas cariocas. *Religião e Sociedade*, Rio de Janeiro, v. 34, n. 1, jun. 2014.

_____. "Traficantes evangélicos": novas formas de experimentação do sagrado em favelas cariocas. *Plural:* revista do programa de pós-graduação em Sociologia da USP, São Paulo, v. 15, pp. 23–46, 2008.

WACQUANT, Loïc. Poder simbólico e fabricação de grupos: como Bourdieu reformula a questão das classes. *Novos Estudos Cebrap*, São Paulo, n. 96, pp. 87–103, jul. 2013. Disponível em: https://bit.ly/3ksbH5I. Acesso em: 15 fev. 2020.

ZALUAR, Alba. *A máquina e a revolta*: as organizações populares e o significado da pobreza. 2. ed. São Paulo: Brasiliense, 2000.

ZALUAR, Alba; ALVITO, Marcos. *Um século de favela*. Rio de Janeiro: FGV, 2014.

AGRADECIMENTOS

AO DONO DE MIM. Por quem vivo, me movo e sou.

Às minhas filhas, Ana e Maria, que estão em mim e aqui em cada traço e instante deste texto.

Ao meu pai, que nunca me lerá, mas viveu em cada riso e choro até que só restassem as partes preciosas dele aqui.

À minha mãe, mais potente e inteligente que se sente.

As sementes que semearam em mim não são minhas, amo vocês, Dudu e Tati.

Aos pastores e pastoras, amigos e amigas que me pastoreiam e partilham comigo do Reino que está em nós.

Agradeço ao meu escutador e orientador, Vitor Chaves, suas mãos e ouvidos estiveram comigo e neste trabalho com a mesma intensidade. Obrigada pela companhia na travessia!

Aos docentes e amigos e amigas de disciplinas, que me carregavam na dor e na pesquisa, vocês fizeram a Academia mais aquecida mesmo em tempos de pandemia.

Agradeço especialmente aos meus alunos e amigos de cada favela e cada igrejinha que amo, somos um em Cristo.

A Ruah, sopro de vida.

Ao amor, fé!

SOBRE A AUTORA

VIVIANE COSTA é mestra em Ciências da Religião (Umesp), bacharela em Teologia (Faecad), licenciada em História (Fiar), pesquisadora de religiões e violências em periferias cariocas e pastora pentecostal. É fundadora e coordenadora do coletivo de atendimento a mulheres e meninas vítimas de violências iRuah, professora de Teologia em seminários interdenominacionais e psicoterapeuta.

Este livro foi impresso pela Vozes para a Thomas
Nelson Brasil em parceria com a GodBooks.

O papel usado no miolo é avena 80g/m² e na capa é
cartão 250g/m².